河出文庫

伊藤比呂美の歎異抄

伊藤比呂美

河出書房新社

目次

伊藤比呂美の歎異抄

ゼロから始める歎異抄

わたしが歎異抄《たんにしょう》にいたった経緯はごくごく不純である。

一年ほど前に、安直にも抜き書きの引用を読んだ。

「弥陀《みだ》の五劫思惟《ごこうしゆい》の願《がん》をよく〳〵案ずれば、ひとへに親鸞《しんらん》一人がためなりけり」

これには驚いた。驚いたけど、よくわからないので、頭をかかえて考えこんだ。阿弥陀仏の長い間考えてたてた願についてよくよく考えてみると、「ひとへに親鸞一人のため」にあったのだというのが大意である。

わからない。なんで親鸞一人のためなのか。わからない。なんで自分なのか。わからないが、ぎらぎらしてる何かが感じとれる。ひどくひきつけられて、頭からぬぐいさることができなかった。

わたくし、五十数年、自分のことばかり考えて生きてきた。そして、やっとわかりかけた境地が「あたしはあたし」だ。そこさえきちんと押さえておけば、「人は人」だ。そう考えさえすれば、世間は渡りやすい、生きやすい、ということを知った。

もちろん「親鸞一人がため」は「あたしのため」と同じじゃない。親鸞には、わたしのようななまぐさい未熟者が思い知ることもできないような、深くて複雑な思想が、他力本願《たりきほんがん》や、悪人正機《あくにんしょうき》や、そういう思想があったはずだ。でも、「親鸞一人がため」と言い切るには、親鸞が、親鸞一人のことを、さんざん考えつめていなければ言えなかったはずなのである。

その時代の仏教をもとにした文学や、祖師たちのことばをいろいろと読んだ。でも、こんなになまなましく、「あたし」ないしは「おれ」について言及されたことばに気がついたのは（以前からあったのかもしれないけど）はじめてだ。十二世紀から十三世紀に生きていた男のことばとは思われない、ふしぎなリアリティ。わたしたちが持ってるようなエゴ。それが親鸞そのもののことばか、唯円《ゆいえん》のことばの力なのかわからない。

何年も前に、わたしは日本霊異記《にほんりょういき》にむちゅうになった。古代の人の意識でがちがちの仏教説話なのに、巻末に近く、ふと著者の景戒《きょうかい》がひどく個人的な夢の話を突然ささやくものだから、太宰や中也に感じたようなリアリティを感じて、共感して、のめりこんだ。

景戒という男はとてもまじめで、セックスについて、生き死ににについて、仏教について、考えつめていた。それでわたしも仏教に興味を持った。彼のとく仏教とは、因果応報、悪いことをするな、よいことをせよ、そして仏と法と僧をうやまえというシンプルな教えであった。

ところが数世紀くだって、親鸞の時代になってみると、仏教といえどもすっかり様がわりしている。景戒の時代の仏教とはずいぶんちがうものを、人々は仏教と呼んで、熱心に、考えつめている。

最初に出会った「親鸞一人がため」というその抜き書きを、どこで読んだか思い出せない。「わが家の宗教を知るシリーズ　浄土真宗本願寺派のお経、日常のおつとめCDつき」という、恥ずかしいくらい初心者向けの実用書だと思いこんでいたが、それを読み返してみても、みつからない。

その本には、親鸞の正信念仏偈《しょうしんねんぶつげ》や和讃《わさん》なら載っていた。それは親鸞の書いたもので、そして実際に信者たちによって朗唱される。歎異抄は声に出して朗唱されるものではないし、親鸞著でもない。ただの、弟子による聞き書きなのである。

そもそもなぜ、「わが家の宗教を知る」などという本を読んでいたのかといえば、親が死にかけていたせいである。そしてなかなか死ねなかったのを何年もみつめていたせいである。

大正生まれの親たちが、戦争に負けて何もかもなくして、信じていたものを捨てて、高度成長期でさらに捨てて、神もほとけもないよというアナーキーな生き方をしていた親たちが、今、老い果てて、死をみつめることも受け入れることもできずに、中空にポッカリと浮かんで、死に後《おく》れておる。しかたがないから、見ているわたしが、かわりに死について考えようとした。

で、わかってきたのは、人は、死が怖《こわ》いということ。経験したことがないから怖いということ。怖いから一人では心細いということ。でも、しょせん一人でやらなくちゃいけないということ。それで、一人だけど（信心《しんじん》していれば）一人じゃない、と考えようとしたということ。そして、死なんてたいしたことじゃないと思うために、死の向こう側にもまた「生」に似たものがあると考えようとしたということ。

お経というものには、たぶんそういうことがいっぱい書いてあって、読む人に死にかたを考えさせてきたようだ。そう思ったので、お経を読んでみた。とりあえず、何も知らなかったからゼロから始めた。わたしのゼロとは、まず、くだんの、あのCDつきの「わが家の宗教を知る」とか「日々のお経」なんていうのが惹句《じゃっく》の宗派別の実用本を、各宗派買いそろえて読破するところからである。

そこからかい、と人には笑われるが、そこからなのだ。信心もへったくれもない親にそだてられて、家には仏壇も神棚もなく、お経なんて聞いたこともなく、祖父母はちゃんと死んだので、葬式や法事をやったんだろうけど、記憶にない。先祖のお墓に行ったこともない。父に聞いても、てきとうである（だからわたしはこうなった)。そこからはじめるしか手がなかった。そして、そのどこかで、出会ったのである。

「ひとへに親鸞一人がためなりけり」

そして、そう言い切る親鸞の真意を知りたいと思ったのが、歎異抄を読み始めたきっかけだ。

最初に手に取ったのが、金子大栄《かねこだいえい》の手引きする岩波文庫版である。それから光文社文庫の川村湊《かわむらみなと》の大阪弁訳も読んだ。中公クラシックスの石田瑞麿《いしだみずまろ》訳も読んだ。じっくりと解説書を読みたいと思って、梅原猛《うめはらたけし》の講談社学術文庫版を読みはじめたら、すっかり溺れた。その本の「凡例」に、「自らの心で訳してみる参考になれば」と書いてあった。すっかり許可をもらったような気分になって、現代語訳をはじめた。

訳というが、わたしにとってそれは、異質なことばを身の内に取り込み、それと同化しながらも差異を発見し、自分の声に移し替えるという作業である。この頃はまるで業《ごう》というもののように、しないではいられない。業のようなので、内容なんか吟味しないでよい。興味があるのはことばだけ。ことばに心惹《ひ》かれたら、もう、手あたりしだい、取り込みたくってたまらなくなる。

　わたしが興味を持ったのは、親鸞の思想ではなく、親鸞の声であった。その声は、高すぎず低すぎず、やわらかで、わたしの妄想によると（京都も越後も常陸《ひたち》も知らないので）、明治期の東京在住者みたいに少しだけべらんめえの入った口調で、くだけた、落ち着いた話し方をするのであった。自分を「親鸞」とよび、「おれ」とよび、少年っぽさの残る声と話し方で、かなり年下の唯円を相手に、冗談とも本気ともつかぬ問答をくりひろげていた。

　唯円は、かなり高い声の持ち主で、師匠（おれは弟子なんかひとりも持たないと親鸞はいうのだが、唯円は師匠のつもりで慕っている）のいうことに翻弄されてどぎまぎしてるから、声はさらにきんきんしてきて、それでも、受け答えしているうちに、少しずつ、先へ進んでいくことができるのであった。

　歎異抄という本自体はとても短いものだったし、文章は易しかった。しかも金子師や梅原師といった先人たちがていねいに註をつけてくれてあるので、それを見ながら読んでいったら、なんなくことばは取り込めた（ことばだけは、ということがあとで読み返したら、じっくりとわかってきて、それから何回も何回も、いろんな本をひっくり返しながらやり直したものだ）。

最後まで読んだら、タイトルの意味も判明した。嘆きながら異端を糾弾《きゅうだん》する書なのである。ものやわらかで自信なさげな書きぶりなのは、唯円が昔の人だからである。ほんとはこれで書きたいことは書き切ったはずなのに、昔の人はひかえめなので、つい「抄」と名づけてしまったようだ。

でもわかったかといわれれば、まだわかってない。

読み終え、声を取り込んで、自分のことばで取り出し終えたあとに、違和感が残る。むしろ、いま、ここに至り、まったく親鸞のことを知らないままであるということに気がつき、悪人正機についても他力本願についても何の説明もできないということにも気づき、もんもんとしながら自分を深く恥じておる。

その上、「親鸞一人がため」も「ころしてんや」も、じつは親鸞の地声《じごえ》ではなかった。唯円の耳をとおしてあるのだ。もしかしてわたしが親鸞と思って耳を澄ませていた声は、唯円の声色《こわいろ》であったのか。わたしは、その声色を手がかりに、ほんものの親鸞の声を、実体を、さがしていかなければならないのである。

とりあえず歎異抄までたどり着いた。まだある。こんなにある。と、山のてっぺんを見あげつつ、汗をふいている気分である。これから和讃を読む。教行信証も読む。それからまた考えることにする。

1　たどたどしく声に出して読む歎異抄

旅のつづき。

もうすぐ日本に行く。行きたくない。先月の終わりに帰ってきたばかりだ。それから東海岸にぶつくさ言いながら出て行って、二泊して帰ってきた。それから車を運転して八時間かけてベイエリアに行き、飛行機に乗って帰ってきた。それなのにまた日本行きの飛行機に乗らなくちゃいけない。

つらい。とてもつらい。運転もつらいが飛行機もつらい。飛行機にのって十時間ももんもんとするのはとてもつらい。飛行機にのるために睡眠時間をけずりとることも、飛行機に乗るために空港で何時間も時間をつぶすことも、飛行機から降りて足と荷物をひきずって長い道のりを乗り継ぎの空港に歩くことも、空港で検査の係に犯罪者のように扱われることも、すねに多少の傷を持つ身なので国の入り口でおどおどしながら旅券を差し出すのも、指紋をとられるのも、眼をのぞきこまれるのも、とてもつらい。一度だけ、日本の国を出るとき、旅券を戻されながら、にっこりとされて、いつも楽しく読んでいますといわれた。うれしかった。その日のためにこれまで何十回もこの苦痛をくりかえしてきたのかとさえ思った。でもそんな明るさも一瞬で、飛行機に乗りこんでしまえば、同じ苦痛の旅だった。飛行機に乗る前に、乗ったあとの苦労をまざまざと想像できるのもつらい。想像したかぎりの苦痛がそのとおり襲ってくるのを受け止めてのがれられずに絶望するのもとてもつらい。飛行機のなかで、あるいは空港のすみで、野垂れ死ぬかもと思いながら旅をつづけた。どうしても避けられぬ事情があって、旅をつづけた。むかし、焼かれて死んだと思ったら生き返ってまた焼かれた、そして死んで生き返ってまた焼かれたという地獄の光景をなにかで読んだが、まさに、ああいう目に遭《あ》っているのだ。

慕っている年上の詩人にあまえていってみた。もう疲れはててます、いっそ飛行機が落っこっちゃえば楽になるんじゃないかと思うんです、と。そしたら、だめだよ、と即座に叱責《しっせき》されて、あなた仕事したくないの、ぼくはしたい、七十すぎたけど、したい仕事がいっぱいあって死ぬ気にならないよと、云々。

死ぬことならぼんやりと考えているけど、死にたくはない。こないだも、その前も、その前の前も、飛行機に乗るたびに、今度こそ落ちたってと思っていたけど、無事に飛んで無事に着いた。いざ落ちることになったら、怖《こわ》くて怖くてたまらないだろう。てなことを親鸞がいってたっけと考えた。

親鸞がいったのは、たしかこんなふうだ。

「親鸞もこの不審《ふしん》ありつるに、唯円房《ゆいえんぼう》おなじこゝろにてありけり」

それから、こうなる。

「浄土へいそぎまいりたきこゝろのなくて、いさゝか所労《しょろう》のこともあれば、死なんずるやらんとこゝろぼそくおぼゆることも、煩悩《ぼんのう》の所為《しょい》なり」

　これを自分のことばに置き換えてみたいと思った。それには書きうつさなくてはならない。そういうきまりにしてある。ことばを置き換えるためには、全身でそれを書きうつさねばひとさまのことばが身体中に入ってこない。しかしこの作業はかったるい。ひどくかったるくて、なかなかすすまない。賽《さい》の河原に小石を積むような作業だなあといつも思う。そしていつも、書きうつしながら、かったるさのあまりに眠気におそわれて、眠気を振り払いきれずに、もの悲しいような、せつないような、たいへんやるせない思いをする。

　それで、宿題やってる（はずの）あい子をわざわざ呼び立てて、近くにやってきたのをつかまえて、「ちょっとここ読んでよ、漢字が出てきたらそういってくれればいいから」といいつけて、声に出して読ませてみた。かなしか読めない日本語の不自由な子どもが、意味もわからずに「ふしぎに、たすけ、ま、うー、らせて」とか「おほ、せに、ては、さふ、らへ、ども、てん」とか「漢字、人、なほ、もて、漢字、生きる」とか読んでいくのを書き取っていった。

あい子は、おそい。一字読んではつっかえ、一字読んでは考え、している。その間も待っていられず、キイボードをかたかたかたかた無駄打ちしながら、「おそいよ」「ほら」と叱咤《しった》して（ひどい親だ）、逃げだそうとするやつをだましすかして読みつづけさせ、とうとう数ページ分も書きうつしてしまった。あい子がいいかげんな読み方をするので、読み終えるやわたしも声に出して読んで確認していかねばならない。のろのろと読む幼い声に、確とした声がかぶさる。かぶさって、また離れる。あい子の声には意味がついてこない。わたしの声には意味がついてくる。それがかぶさり、また離れる。あい子の声に出す「ふしぎ」と、あい子の声に出す「すかされまひらせて」が、妙に心にしみいった。

歎異抄《たんにしよう》　前

序言

ずっと考えておりました。
親鸞聖人《しんらんしょうにん》の生きておいでだった頃と今とは、ずいぶんちがってしまいました。
亡き師のおしえてくださったこととはちがうことが、おしえとして、ひろまっていることをなげいております。これでは、後から学ぶものたちがおしえを受けついでいこうというときに疑いを抱くでしょう。前世からの縁《えにし》でつながる師に出会うことがなければ、どんなにやさしい道でもすすんでは行かれません。ひとり合《が》点《てん》しているうちに「アミダさまのお力におまかせする」という大切なところをゆがめてはならないのです。そのためにも、亡き親鸞聖人のお話しくださったこと、わたくしの耳の底に残っているあのお声を、ここに書きつけてみようと思います。ただただ、同じ心で念仏している人たちの疑いを解きたいと、それだけの思いであります。

第一条

「アミダがおれたちのために誓ってくださった。
かならず救ってやろうと。
そのお誓いの力は量り知れない。
おれたちは救われる。
死んだらかならず浄土に生まれかわるのだと信じて
念仏をとなえようという心が起こりさえすれば
おれたちは救われる、
みんな。だれでも。一人のこらず。
アミダのお誓いの前では
老いも若いも善いも悪いもない。
人をえらばない。
ただおまかせする心さえあればいいのだ。
その理由はこうだ。
深くて重い罪のあるもの。

迷いに焼かれて苦しんでいるもの。
そういう人々を救いあげるためのお誓いだからだ。
アミダのお誓いを信じるには
善を積む必要はない。
念仏にまさる善なんかない。
悪だっておそれてはいけない。
アミダのお誓いをさまたげるほどの悪はどこにもないのだから」と。

第二条

「みなさん。はるばると十いくつもの国を越えて、命を捨てる覚悟でここまで来られたのは、やはりなんとかして極楽浄土に生まれたいと、その方法を聞き出したいと、思っておられるからでしょう。しかし親鸞《わたし》なら、念仏のほかにも浄土行きの方法を知ってるだろう、とくべつなお経も知ってるだろうと思っておられるのなら、そりゃ大きなまちがいです。そういうことなら奈良にも比叡山にも物識《ものし》りの僧がいっぱいいますから、そっちに行って聞いてください。

わたしは、ひたすら念仏してアミダ仏に救われようと

法然《ほうねん》師のいわれたことをそのまんま信じているだけで

あとはなんにもありません。

念仏をとなえることがほんとに浄土に生まれかわるたねになるのか。

それともそれがもとで地獄におちてしまうのか。

それもまったくわからない。

でもたとえ法然師にまんまとだまされて

それで念仏して地獄に堕《お》ちたとしても

わたしは後悔なんぞしません。

理由はこうだ。

修行をかさねてぜったい仏になれるだろうというような人が
念仏をとなえたせいで地獄におちるようなことになれば、
それこそだまされたという後悔もあるでしょう。

ところがわたしは
どんな行《ぎょう》もできないような人間です。
地獄がすみかと決まっている。

アミダ仏の『すべての生きものを救いたい』というお誓いが真実なら
シャカ尊者《そんじゃ》のお説教も、うそやはったりではないはず。
シャカ尊者のお説教がほんとなら
善導大師《ぜんどうだいし》のご解釈もうそじゃないはず。
善導大師のご解釈がほんとであるなら
法然師のいわれたこともうそであるはずがない。
法然師のいわれたことが真実ならば

親鸞のいってることもうそではない。

とどのつまり、わたしのような未熟者の信心《しんじん》はこの程度です。これから先は、念仏の道を選ぼうがまた捨てようが、それぞれの判断におまかせしたい」と。

第三条

「善人だって浄土に生まれかわるんだから
悪人にできないわけはない。
ところがふつう世間の人はこういうのだ。
悪人だって浄土に生まれかわるんだから
善人にできないわけはない、と。

これは一理あるようだが
『何もかもおまかせする』という考えからするとまちがいなのだ。
なぜかというと、自分の力で善い行ないのできる人は
アミダにおまかせしようという気持ちに欠けるから
お誓いの力がおよばない。
でも、自分の力でなんとかしようという気持ちをすてて
アミダの力にすっかりおまかせすれば
死んだあとはかならず浄土に生まれかわることができる。
迷いのつきないおれたちは、どんな行《ぎょう》をしたって
生きたり死んだりのくりかえしをやめられないのだ。
アミダ仏は、それをあわれんで
おれたちみんなを救おうと誓ってくださった。
悪人どもを仏にしてくださるためなんだよ。
だから、アミダにおまかせするしかない悪人は

浄土にいちばんちかいところにいる。
善人だって浄土に生まれかわることができるんだから
ましてや悪人にそれができないわけがないじゃないか」と。

第四条

「慈悲についていえば
自分の力で修行して仏になろうという聖道《しょうどう》と
アミダのお誓いにおまかせして浄土に生まれて仏になろうという浄土ではだいぶちがう。
聖道の慈悲とは

生きているすべてのものを
あわれみ、いとおしみ、そだてようということだ。
でも思いどおりに他人を救うことなんてできやしないのだ。
浄土の慈悲とは
念仏をとなえて浄土にいって
なるたけいそいで仏になって
他者を救いたいという大きな心を手に入れて
おもいっきり
生きてる、いや生かされているすべてのものを救うということだ。
この世でどんなにあわれだ、不憫《ふびん》だと思っても
思うように救ってやれないんだから、
救いたいと思う心の
持って行き場がないじゃないか。
だから念仏をとなえなさい。

他者を救いたいというおまえの思いを
最後までつらぬきとおすことができる」と。

第五条

「親鸞《おれ》は
親の供養のために念仏をとなえたことはいっぺんもないよ。
だって生きてるものはすべて
生まれ変わり死に変わりしていく間
いつか、どこかで、親になったりきょうだいになったりしてるはずなんだ。
仏に生まれかわることができたときには

それをみんな、救ってあげたい。
自分の力でがんばれば救えるっていうならとっくにそうしている。
でもそうじゃないのだ。
念仏をとなえるということは、そうではないのだ。
だから今は自分の力でなんとかしようなんて考えは捨てて
念仏をとなえて死んで浄土へ行けばよい。
そうすれば人を救う力だってえられる。
その力で
生き死にをくり返していようとも苦に沈んでいようとも
まず縁《えにし》のあるものたちから
救いだすことができるのだ」と。

第六条

「念仏をとなえていこうという仲間うちで
おれの弟子だ、ひとの弟子だと争ってるらしいが
ばかばかしいの一言だ。
親鸞《おれ》は、弟子なんか一人も持ったことがない。
おれがしむけて念仏をとなえさせたのなら弟子と呼んだっていいが
アミダ仏のおかげで念仏をとなえている人たちを
おれの弟子だのなんのとよぶのはとんでもない。
師弟のあいだだって
つく縁があれば連《つ》れていく、離れる縁があれば離れていく。
師にそむいてよその人について念仏してちゃ
浄土行きは無理だなどというやつは

ろくなもんじゃない。
おまかせしようという心は
アミダ仏からいただいた。
それを自分のもののような顔して取っちまおうというのか。
ぜったいにあっちゃならないことだ。
自然の理《ことわり》にしたがって生きておれば
アミダ仏の恩も知ることができるし
また師の恩をも知ることになるのさ」と。

第七条

「念仏は、さえぎられることのない一本道だ。
なぜなら、
すっかりおまかせして念仏をとなえるものには
天の神も地の神もしたがうし
魔物《まもの》も
仏道を信じない輩《やから》も
立ちふさがることはない。
悪いことをしたって
報いがあるぞなんて考えなくていいんだし
どんな善いことをしたところで
念仏にまさる善なんてどこにもないからだ」と。

第八条

「念仏は、となえる者にとっては、行《ぎょう》じゃないし、善でもない。
自分の意志で行してるわけじゃないので
『行デハナイ』という。
自分の意志でつくる善でもないから
『善デハナイ』という。
ただただアミダのお誓いにおまかせして
自分の力でなんとかしようというところから遠く離れているので
念仏する者にとっては
『行デハナイ』し、『善デハナイ』のだ」と。

第九条

「念仏したんですけど、ちっともうれしくならないのです。急いで浄土へ行きたいとも思えないのです。どうしてだろうとなやんでいるのです」とわたくしがいいましたら、

「親鸞《おれ》もそこがわからなかった。
唯円房《おまえ》も同じ心でいたんだな。
よくよく考えてみれば
天におどって地におどるほど喜んでいいのに喜ばないんだから
こりゃ浄土行きは確実だぞ。
喜ばなくちゃいけないのに喜べないのは
この迷いの心のあるせいだ。

いかる心、むさぼる心、おろかな心がおれたちを悩ませつづける。
だが仏はそれをちゃんとご存じで
おれたちのことを『迷ってばかりのつまらない人間』と呼んでくださる。
何がなんでも浄土に連れて行ってくださろうというせつない願いは
おれたちのためにあったのだということがわかってくる。
するといよいよ頼りたくなってくるじゃないか。
だいたい、浄土へいそいで行こうっていう気になれないのも
具合がちょっとでも悪くなれば死ぬんじゃないかと心細くなるのも
迷いの心が起こるせいだ。
長い間生まれ変わり死に変わりしてきた
苦しみだらけの
この浮き世は捨てがたいのに
まだ生まれたことのない浄土は恋しくない。
それもやっぱり心が迷っているからだ。

この世との縁《えにし》がつきて力がなくなってついに終わろうというとき
名残《なご》りおしいだろうが
浄土へ行ける。
急いで行きたいとは思ってないおれたちを
アミダ仏はとくにあわれんでくださる。
そう思えば
その大きなみ心と大きなお誓いに
ますます頼りたくなる。
そうくれば
おれたちの浄土行きはもうまちがいがない。
おどりあがりたいほどうれしかったり
急いで浄土へ行きたかったりするのは
迷いの心がないってことかもしれない。
そしたらかえってまずいことかもしれないよ」と。

2 旅

旅のつづき。

しばらく間《ま》があいた。親鸞の声をずっと聞きつづけた。後半になって、唯《ゆい》円《えん》の声がどんどんはっきりしてくる。でも親鸞の声も聞こえている。低い声に高い声がかさなる。響き合う。最後まで訳さずにほうっておいた付け足しの法難《ほうなん》の記録、手をつけたらいやになまなましい。こうなるぞこうなったぞと唯円が脅《おど》かしているように感じる。その間にも日本に行って帰って、また行って、きのう帰り着いた。つらかった。座席の上で足をあげおろしてできなくてじたばたしした。何年も何年も昔のこと、深夜、たまたまよそから帰ってきた家の前で、猫が道を横切り、発情しており、それを追いかけてもう一匹の猫が飛び出したとたんに、二匹目が車にはねられた。車は停まり、若い男が降りてきて、おおマイゴッドと常套句《じょうとうく》をつぶやいた。男はおそるおそる路上の猫をのぞきこんだ。猫は路上にピンで留められたようにじたばたした。何回もじたばたした。そして静かになった。おおマイゴッドとまたその男はいい、車に乗って走り去った。座席の上であの猫のようにじたばたし、何回もじたばたし、猫のようには静かになれないまま十時間を過ごした。それ以来、いつ寝ていつ起きてるのかもわからないし、寝ないのか寝たくないのかもわからない。こう寝たほうがいい、こう起きていたほうがよい、という他人の助言はぜんぶ敵意をふくんでいるように思える。昼間、眠っているときに起こされると、深泥沼《みどろぬま》から、藻やら泥やらがいっぱいにからみついて泥の中にひきずりこまれるのと、それを引きちぎって泥の中からひきずりだされるのと、同時にやってているようなもどかしさ、どちらもできないやるせなさがある。その眠たい、目を覚ましたくないという欲望は、痛みに近い。でも、眠ると不安夢《ふあんむ》を見る。ちょっところりと横になって目を閉じてもすうっと引きこまれて不安夢を見る。頭の裏が凝り固まってぴしりぴしり音を立てている。

歎異抄　後

第十条

「念仏は
『わからない』のが『わかる』ということだ。
『口でほめられない』

『口で説明できない』
『頭で考えられない』のが
その本質だからだよ」とお聖人《しょうにん》はおっしゃいました。
思えばお聖人がまだ生きておいでであったころ、わたくしども、同じ信心を胸に抱き、遠くみやこまで出かけていきまして、心をひとつにして浄土のことをおしえていただきました。あのときの人々にしたがって念仏をとなえるものは、いまや数知れずおります。ところが最近は、そのなかに、お聖人のおっしゃったこととはちがうことをいっているものが多いようだと伝え聞きました。これではいけません。わたくしがじゅんじゅんに説いていきます。

第十一条

一文字《いちもんじ》もよめない連中が念仏をとなえるのをみて、「おまえはアミダさまのお誓いの不思議を信じて念仏をとなえているのか」だの「南無阿弥陀仏ということばの不思議を信じておるのか」だの、よけいなことをいってはまごつかせ、不思議不思議というだけで、どうちがう不思議なのかも説明せずに、人の心を惑わすことについて。

これは、しっかりと心にとめて考えていただきたいことであります。

アミダさまが「すべての生きものを救いたい」とお誓いなされ、おぼえやすくとなえやすい「南無阿弥陀仏」のみ名を考えだされ、この名をとなえるものを救いとってやろうと約束してくださった。わたくしたちは、そのお誓いの力に助けられ、生死《しょうじ》から離れられるのだと信じて、こうして念仏をとなえます。

念仏をとなえるということは、ひとえにアミダさまのお力によるのであり、自分の力は少しも加えられていないのです。アミダさまのお誓いがあるおかげで極楽浄土に生まれ変わることができるのであります。

お誓いの不思議な力になにもかもおまかせするのだと思いさだめれば、み名の不思議な力もしぜんとよりそってくる。お誓いの不思議とみ名の不思議はひとつであり、何も異なるものではないとわかります。

ところがそこに、自分の意思をさしはさみ、善いことをすれば浄土に行けるし、悪いことをすれば行けなくなると考える人がいますけれども、こういう人はお誓いの不思議にたよらず、自分の力で浄土に生まれようとするし、念仏をとなえるのも自分の力でしているつもり。もちろんみ名の不思議にたよる心もありません。すると浄土とはいっても、ごく端っこのつまらないところに生まれかわる。それでも、アミダさまのお誓いには「わが名をとなえて浄土に生まれることをのぞむものは、かならず生まれるように」というお誓いもふくまれていますから、いつかは真の浄土に行ける。これはみ名の不思議のお力ですけれども、それはつまり、お誓いの不思議によるのですから、けっきょくのところ、不思議はただひとつということになるのであります。

第十二条

経典や註釈を読んで勉強しない連中は、浄土に生まれるかどうかわからないという説について。

これは、いいたりておりません。

おまかせすることこそ真実だと書いてある経典には、どれにも、アミダさまのお誓いを信じて念仏をとなえれば仏になると書いてあります。このほかにどんな学問が、浄土に生まれ変わるために必要だというのでしょうか。たしかに、この真実がわからない人は、しっかり学問して、アミダさまのお誓いについて知らなければなりません。経典やら註釈本やらを読んでさんざんべんきょうしているのに、そのほんとの意味を理解してないというのがいちばん困ります。

字も読めず、経典も註釈も読みようがないという人のために、となえやすかろうというみ名「南無阿弥陀仏」がある。それをとなえるのは、浄土に生まれ変わるための、やさしい方法です。

学問を中心にやっていこうというやり方を聖道門《しょうどうもん》と呼びますが、むずかしい方法です。学問したばかりにまちがった方向にずんずんとすすみ、名声がほしい、お金がほしいという思いに身動きがとれなくなっている人もおりまして、そういう人たちが次の世で浄土に生まれることができるかどうかは疑わしいと書かれた文章もちゃんとあります。

このごろは、念仏派の人と学問派の人が論争しています。自分の宗派のほうがすぐれているの、よその宗派はおとっているのと争ううちに、法敵はできるわ、おしえをそしる者もでてくるわ。これでは、みずから自分のおしえにそむき、またそしることになっているんじゃないでしょうか。

たとえほかの宗派がこぞって、念仏なんてつまらない連中のものだと、そのおしえは浅くていやしいのだといいたてることがありましても、わたくしたちは争わず、「わたしたちのような何にもできないおろかなもの、一文字もよめない無学なものが、信じれば救われるとおそわって信じております。えらいかたにとってはいやしくとも、わたしたちにとってはすばらしいおしえです。ほかのおしえもすぐれているんでしょうけれども、こちらに理解する頭がないのでおつとめができないのです。わたしたちをみな生死《しょうじ》から離れさそうというのが仏さまがたのご本意ですから、どうかこのまま、させておいてくださいませんか」などと悪びれずにいえば、憎まれることはないはずです。

また、論争の場には迷いの心がいろいろと起こってきます。賢い者はそこから離れているべきだと書かれた文章もちゃんとあります。

今は亡きお聖人《しょうにん》のおことばを思い出します。

「『このおしえを信じる人もいる、そしる人もいる、それでいいのだ』とシャカ尊者《そんじゃ》が説いておられるので

親鸞《おれ》はそう信じていた。

人が来てそしるたびに

シャカ尊者のおしえはほんとであったとわかるのだ。
そんなら浄土行きはいよいよきまったようなもんだ。
何かのまちがいでそしる人がなかったら
どうして信じる人がいてもそしる人がいないのかなと思えばよい。
こんなことをいってるが
なにもかならずそしられようというわけじゃない。
信じる、そしるが両方ともあるんだから
そしられたって疑っちゃいけないと
とっくの昔にシャカ尊者がいい置いておられた
ということをいっているんだ」とおっしゃいました。
いまの人たちは、学問することで人にそしられないようにしよう、議論や問答をおおいにやっていこうと、かたくなに考えているような気がしてなりません。
学問して、ますますアミダさまのご本意を知り、そのお誓いがどんなにひろびろとして大きいかを知り、「自分はいやしい身だから浄土に行けないかもしれない」

と不安がっている人たちに、「みんながアミダさまのお誓いに救われるのだよ、善いも悪いも浄《きよ》いも穢《きたな》いもないのだよ」ということを説いてきかせることができれば、それこそ学問した僧としての仕事のはず。それなのに、アミダさまのお誓いのおかげで無心に念仏をとなえている人にたいしても、学問しなけりゃだめだなぞとおどすのは、おしえにとっては悪魔、仏にとっては怨敵《おんてき》です。おまかせする心が欠けているだけじゃない、わざわざ他人を惑わそうとさえしているのです。してはならないことであります。お聖人のお考えにそむいているんですから。そしてとても気の毒なことでもあります。アミダさまのお誓いにもそむいているんですから。

第十三条

どうせアミダさまのお誓いに救われるのだといって、悪をおそれぬふるまいをすることを、お誓いに頼りすぎていると批判し、それでは浄土に行けないときめつける説について。

アミダさまのお誓いを疑って、善や悪は前世からのつながりでできているということをわかろうとしないから、こういう説が出てきます。

善いことをしようという心が起きるのは、前世からつながってくる善が報いて、そうさせるのであります。悪いことをしようと思いつくのも、前世からつながってくる悪が報いて、そうさせるのであります。

亡きお聖人《しょうにん》はおっしゃいました。

「いいか、うさぎの毛の先やひつじの毛の先にくっついたちりだって、過去の世でやったことの報いだ。そうでないことなんかないのだ」と。

あるとき、
「唯円房《おまえ》はおれのいうことを信じるか」とおっしゃるので
「もちろんです」とわたくしが答えましたら
「そんならいうことをちゃんときくか」とまたおっしゃるので
「つつしんでなんでもいたします」といいましたら
「それじゃ人を千人ころしてくれよ。
そうしたらかならず浄土に
生まれかわることができるんだぞ」とおっしゃる。
「いえそうおっしゃいますが
わたくしなんぞに一人もころせやしません」といいましたら
「そんならなぜいうことをきくといったんだ」と。
「これでわかったろう。
なんでもおれたちの心のままにやっていいのなら
浄土に行くために千人ころせといわれたら

ころすことになる。

でも一人ころすのもできないというのは
過去の世からころさなくちゃならない原因をひきずってないからだ。

おまえの心が良いからころさないんじゃないよ。

ころすまいと思っていたって
百人や千人をころしてしまうこともあるんだよ」とおっしゃいました。

わたくしたちが、善いは善い、悪いは悪いと思うばかりで、善も悪もじつはアミダさまのお誓いの不思議によるのを知らない。それをお聖人は教えてくださったのだと思います。

以前、まちがった考えにとらわれた人がおりました。アミダさまのお誓いは悪人を救ってくださろうというものだから、浄土に行くためにはわざわざ悪いことをしたらよいのだといいだして、人からさんざん批判されておりました。そのとき、お聖人が「くすりがあるからといって毒をこのんではいけない」と手紙をお遣《や》りになったのは、そのまちがいを正すためでした。悪は、浄土に行くじゃまに

は、まったくなりません。お聖人は、
「戒律《かいりつ》を守るだけで
アミダのお誓いにおまかせすることができるんなら
おれたちは
生死《しょうじ》のくり返しから離れられるわけがない」ともおっしゃいました。
こんなあさましい身ですけれども、お誓いにめぐりあうことで、あまえていい
のです。救われるのです。犯すことになっていない悪事はまさか犯しはしないは
ずですから。お聖人は、
「海や川に網をひき
釣りをして生きていく人も
野や山に獣を狩り
鳥をとって生きていく人々も
商売をする人も
田畑をたがやして生きていく人も

みんな同じだよ」ともおっしゃいました。

「みんな、過去の世からの罪をひきずっている。

それにかきたてられれば

人はどんなことだってしてしまうものだ」ともお聖人はおっしゃいました。

この頃よくあるのは、いかにも浄土のことを考えているふうで、善人しか念仏をとなえちゃならんとか、あるいは道場に張り紙して、これこれのことをしたものは道場に入るべからずとか。表向きには、善良です、ちゃんとやってますと取りつくろっていますが、一皮めくれば嘘ばかり。

お誓いに頼りすぎたあげくに罪をつくるというのも、つまりは前世でやったことをひきずっているわけです。

善いことも悪いこともつながるままに受け入れて、そしてひたすらアミダさまのお誓いを頼りにして生きていくのが、おまかせする、ということ。「アミダ仏のお力を知ったうえで、罪だらけの自分は救われないなどと思うのか」と唯信鈔《ゆいしんしょう》にも書いてあります。

お誓いに頼りすぎているからこそ、何もかもおまかせしてしまおうという心がかたまってくるのであります。

過去の世からひきずる罪や迷いみだれる心をすっかりなくしたあとに、アミダさまのお誓いにおまかせするなら、頼りすぎることもありません。でも迷いをすっかりなくすということは、つまり仏になるということだ。そう考えると、アミダさまが長いあいだ考えてお立てになったお誓いそのものが、いらなくなってしまいます。

頼りすぎをいましめておられる人たちだって、迷いの心も、きたないものも、しっかり持っておられる、持っておられるうえで人を批判するというのは、それもまた、お誓いに頼りすぎているということなんじゃないでしょうか。何が頼りすぎてい、何が頼りすぎていないのか。なんだか、ひどく幼稚な議論に思えてなりません。

第十四条

一回の念仏で、長い間につみあげた重罪を消すことができるという説について。

これは、十種の重い罪、五種のさらに重い罪を犯した人が、ふだんは念仏をとなえたことがなくても、死のうというとき、僧にみちびかれて念仏を一回となえたら、長いあいだ、苦しまなければならない罪が消え失せ、十回となえたら、その十倍という、さらに、長い、長いあいだ、苦しまなければならない罪が消え失せて浄土に行けるという話から来ています、罪の重い軽いをいうために、念仏一回でどれだけ消える、念仏十回でどれだけ消える、と数にしておしえようとしているのです。念仏で罪が消せるという考えかたはうれしいのですが、わたくしたちの信じているところにはおよびません。

アミダさまの光りに照らされて、心のなかに、念仏しようという気持ちがうまれるとき、そこには、とても堅い信心ができている。おまかせしようという心です。そのときはもう、かならず仏になれるときまっている。死ねば、生きてる間じゅうわたくしたちを苦しめた迷いが、こんどは浄土に行くためのきっかけになってくれる。生死《しょうじ》を離れて、さとりの境地に入っていくことができる。

救ってくださろうというアミダさまのせつないお誓いがなければ、こんなあさましい罪びとが、いったいどうやって生死を離れることができるのか。そう思えば、一生のあいだ、となえる念仏はすべて、アミダさまのご恩にお礼を申しあげるためにあると思えるのです。

念仏をとなえるたびに罪を消せると思い込むのは、自分の力で罪を消そうと、自分の力で浄土に行こうとはげむということです。

それなら、一生のあいだに考えることなんて迷いばかりなんですから、わたくしたちは、いのちが尽きるその瞬間まで、声のかぎりに念仏しつづけないと浄土には行かれません。ところがそこに、前世からの報いがあります。思いがけないことも起こります。病いにかかり、苦しみや痛みがありますと、正気で念仏して死ぬのがむずかしくなるかもしれません。いったい罪は消せるのか。罪が消せなかったら、浄土には行かれないのか。

「みんな救う、だれも捨てない」というアミダさまのお誓いに、ただおまかせしておれば、何が起ころうと、罪を犯そうと、念仏をとなえられずに死んでいこうと、かならず浄土に生まれかわることができます。

念仏をとなえられるというのも、死期がちかづくにつれてアミダさまにたよる心がどんどん強くなるからです。

念仏で罪をなくそうというのは、自分の力にたよる心。死ぬときには念仏をちゃんととなえながら死にたいといのる人たちの心のなかに、アミダさまにおまかせする心はありません。

第十五条

さまざまな迷いを抱えたままでも、ちゃんとさとりをひらけるという説について。

とんでもありません。

この身のまま仏になるのは、真言密教の極意です。印《いん》を結び、マントラをとなえ、大日如来を心で観《み》るという修行をさんざんやって、やっとえられる境地であります。

眼・耳・鼻・舌・身・心の六根《ろっこん》を清浄《しょうじょう》にするというのは、法華経のおしえです。これは、体もことばも心も、あやまちを犯さぬようにして、自分ひとりのことだけを考えず、みんないっしょに仏になることを誓うという修行をさんざんやって、やっとえられる境地であります。

これらはみなむずかしい。かしこくなければできません。よく観てよく考え、そしてやっとなしとげられるさとりであります。

来世でさとりをひらくというのが、浄土のやり方。おまかせしようと心が固まったときに道が通じるわけであります。これはかんたんです。どんなおろかものでも、これはできる。善人、悪人、わけへだてもありません。

今生きている世では、さまざまな迷いや悪い誘いを断ち切るのがとてもむずかしいので、真言や法華経を修行するりっぱな僧たちまでが、次の世でさとりをひらきたいといのっておられる。わたくしたちは、戒律《かいりつ》を守る行動力も、ちえで理解する頭もないのですけれども、アミダさまのお誓いの船に乗って、生まれ変わり死に変わりする苦海をわたり、極楽浄土の岸につきさえすればいい。そうすれば、黒雲のようにかかっていた迷いはたちまち晴れて、月のような真理があらわれる。そこでわたくしたちは、世界をすみずみまで照らし出すアミダさまの光に一体化して、あらゆる生きものを救いあげようとする。それこそが、さとりです。

この身のままさとりをひらく人は、おシャカさまのようにいろんなすがたに変《へん》化《げ》して、仏がお持ちの三十二とか八十とかの特徴もちゃんと持って、説法してみんなを救ったりするのでしょうか。いや、そんなことができたら、それこそ生きながらにしてさとりをひらくお手本になれますよ。
お聖人《しょうにん》のかかれた和讃に、こうあります。
「おまかせする心が
堅く固くさだまるときを待つ
そのときに
アミダさまの光が
救いとってくださり
まもってくださり
生死《しょうじ》から
離れさせてくださいます」
おまかせしようという心がしっかり定まったとき。そのとき、アミダさまは救ってくださる、けっしてお捨てにならない。だから迷いの世界に生き変わり死に変わりすることはなくなる、きっぱりと生死を断ち切ることができる、と。これを、この身のままさとるのだといい紛《まぎ》らわしてしまっていいのですか。情けないことであります。

「浄土の真のおしえではこの世ではアミダ仏のお誓いに何もかもおまかせして浄土にいってからさとりをひらくとおそわったのだ」と亡き聖人はおっしゃいました。

第十六条

信心して念仏をとなえる人が、腹をたてたり、悪いことをしたり、仲間と口論したりしたら、かならず心を改めなければならないという説について。

これは、悪を断ち善を修めるという考えかたでしょうか。でもひたすら念仏をと思っている人たちにとって、心を改めるときは、たった一回限り。アミダさまのお誓いに救われるという、真のおしえを知らなかった人が、アミダさまのちえをいただくようになり、日ごろの心でおっては浄土に行かれないと考え、心を入れ替えて、お誓いの力におまかせして生きはじめる。それが、心を改めるということです。

朝《あした》に夕《ゆうべ》に、何につけても心を改めていないと浄土に行かれないのならば、人のいのちははかないもの、出る息が入る前に終わってしまうようなものですから、改める前、心がおだやかになる前に、死んでしまうことだってある。それでは、アミダさまの「みんな救う、だれも捨てない」というお誓いは、むだになってしまいます。

口ではおまかせするといっていても、心ではちがう。悪人を救ってくださるお誓いは不思議だが、やっぱりまず善人から救ってくださるだろうと思っているわけです。そんな人は、お誓いの力を疑ってますし、おまかせする心にも欠けていますから、浄土は浄土でもすみっこのほうに生まれかわります。それじゃあまりにもつまらない。

おまかせする心さえあれば、浄土行きはアミダさまのおはからい、自分の力でどうこうできるものじゃありません。自分が悪人と思うのなら、なおさら、おまかせしてしまえば、自然と、おだやかに、そしてしずかに、苦しみをたえしのぶ気持ちが生まれます。そして、浄土行きについて、理屈で考えつめたりせず、ただもうほれぼれと、アミダさまのふかくて大きなご恩を、いつも思い出しておればよいのです。そうすれば、いつのまにか念仏がとなえられるようになるでしょう。

これが自然《じねん》。自分の力でものごとを動かさないことを自然といいます。つまり、おまかせすることです。

いやちがう、自然とはそうじゃない、別のことだと、知ったかぶりする人があるようですけど、みっともないからやめたほうがよろしい。

第十七条

浄土のなかでもすみのほうに生まれかわってしまった人は、いつかは地獄に堕《お》ちてしまうという説について。

これはどこに書かれていることでしょう。学者ぶっている人のなかからいいだされたことのようですが、なさけない。経典や註釈書をどう読んでおられるのか。

「念仏はとなえてもおまかせする心に欠けている人は
アミダのお誓いを疑う気持ちがあるから
浄土のすみっこのほうに生まれかわる。
そこでお誓いを疑った罪をつぐなってから
浄土のまんなかに行って
さとりをひらくんだ」とお聖人《しょうにん》がおっしゃいました。

「ほんとに信心できる人はすくないから

とにかく
どんなすみっこでもいいから
そこに生まれかわってしまえ」とも勧めていらっしゃいました。
すみのほうではやっぱり救われないなどといったら、アミダさまが嘘をつかれたことになってしまいます。

第十八条

お寺や僧侶にたいする寄付の多い少ないによって、大きい仏になったり小さい仏になったりするという説について。

とんでもない説です。ばかばかしくって話になりません。

まず、仏が大きいの小さいのと分量をきめることが、あってはならないことであります。経典には、アミダさまのおからだの大きさがいくらいくらと書かれてありますが、それは人にわかりやすくおしえるために、仮にそういったにすぎません。

さとりをひらいた仏とは、永遠の真理のこと。ですから、長いの短いの、四角いの丸いのと、かたちをもっておられるわけがなく、青・黄・赤・白・黒などという色からも遠く離れておられるわけですから、大きいの小さいのといえるわけもない。

念仏をとなえると仏の仮のおすがたを見られると経典にありますから、「大きい声でとなえれば大きい仏を見る、小さい声でとなえれば小さい仏を見る」ということか、あるいはこの理屈をひとひねりして屁理屈にこねくりあげたのかもしれません。

たしかに、お布施《ふせ》もまた行《ぎょう》であります。でも、どんなにたからものを仏前に供えても、みちびいてくれる僧に施しても、おまかせする心がなかったら、なんにもなりません。

紙の一枚、ぜに半銭、お寺や僧に寄付しなくとも、アミダのお力にすっかりおまかせする心さえ深ければ、それが、アミダさまのお誓いくださったそのご本意にかなうこと。

仏法にことよせて、物欲をみたすために、信者からゆすり取っているだけのような説のような気がいたします。

後序

異説は、どうして出てくるのでしょう。

親鸞聖人は生前、こんなことをおっしゃっていました。法然師がまだ生きておられたころ、弟子はたくさんいましたが、法然師とおなじ信心をもっていらっしゃるかたは少なかったので、親鸞師と兄弟弟子のあいだで論争がおこったそうです。原因は親鸞師が、

「善信《わたし》の信心も法然聖人のご信心もおなじだ」とおっしゃったことにあります。誓観房《せいかんぼう》や念仏房《ねんぶつぼう》という兄弟弟子が反発して、「法然聖人のご信心と善信房《おまえ》の信心がおなじであるわけがない」といいましたが、親鸞師は、

「師のおちえやご才覚を思えば、おなじだなどといったらまちがいであろうが、浄土行きを堅く信じていることについては、なにもちがわない。心はひとつだ」と返答なさったので、まだいうか、どうしてそういうことになるのだとさらになじられて、いっそ法然師の前に出て、どっちがただしいかきめていただこうと、事情をお伝えしたところ、法然師のおっしゃるには、

「源空《わたし》の信心は、アミダ仏よりいただいた信心だ。善信房の信心も、アミダ仏よりいただいた信心だ。つまりはただひとつなのだ。別の信心を持っているものは、わたしが行こうとしている浄土へは、けっして行かれないだろう」と。

昨今の、念仏をひたすらとなえていこうという人たちのなかにも、親鸞師のご信心と同じ信心はもっておられないかたもいるんじゃないかと、わたくしは思っております。

ああ、なにもかも愚痴にすぎません。でも書かずにはいられませんでした。

露のようなわたくしの命もあとわずかになりまして、枯草のように枯れ果てておりますが、ともに念仏してきた人たちからいろいろと質問をうけて、お聖人のおっしゃったことをお話ししてきたのであります。わたくしが死んだあとは話すものもいなくなり、どんなにみだれていってしまうだろうと、嘆いております。

このような異説をもつ人々にいいまどわされそうになりましたら、亡きお聖人が読んでこられた書物をようくお読みください。書物のなかにも、真実をそのまま説いたものと、わかりやすく説ききかせるために仮《メタファ》のかたちで説いたものが入りまじっています。仮《け》をすてて実をとり、仮をさしおいて真をもちいるというのが、お聖人のご本意です。どうか心して書物を読むように。とりちがえることのないように。大切な文章は抜き書きして、目やすとしてこの文章にそえておきます。
お聖人がよくおっしゃっていたことですが、
「アミダ仏が長い長い間考えて立てられたそのお誓いについて
よくよくかんがえてみれば
ひとえに親鸞《おれ》一人のためだったんだな。
こんなに多くの罪をひきずるおれなのに
救ってやろうと思ってくださった。
そのお誓いを立ててくださった。
ありがたや」と。
そのご述懐を今また考えてみますと、善導大師《ぜんどうだいし》の、あの大切なおことばに、そ
っくりではないですか。
「自分は、今現在、罪つくりの悪もので生死《しょうじ》にくるしむ凡夫《ぼんぷ》である。
はるかに遠いむかしから
つねに沈み

つねに流転《るてん》して
苦しみから抜け出る縁《えにし》のない身であると思い知れ」と。

ありがたくもご自分の身にひきよせて、わたしたちが、自分の罪悪もアミダさまのご恩にも気づかずにうち迷っているのを思い知らせてくださるために、おっしゃったことでありました。何もかもがアミダさまのご恩ということをついつい忘れて、わたしたちは、善い悪いばかりいっているのであります。

「善悪の二つについては、何も知らない。

アミダ仏が心で『善い』と思われることをおれも知りぬいているなら
『善い』を知ってることになる。

アミダ仏が心に『悪い』と思われることをおれも知り抜いているなら
『悪い』を知ってることになる。

でもそんなふうに知ることはないからだ。

迷いだらけのちっぽけな凡夫。

苦しみにみちた無常の世界。

何もかもみな
そらごとだ。
たわごとだ。
ほんとのことなんか
何もない。
ただ
念仏だけが
ほんとなんだよ」とお聖人はおっしゃいました。

ほんとうに、わたくしも人も嘘ばかりいっておりますけど、なかでもひとつ、いたましくてならないこと。それは、念仏をとなえることについて、信心について、問答し議論する人たちが、人のくちをふさいで議論を終わらすために、お聖人のおっしゃってもないことをおっしゃったといってしまうこと。これには、なげかわしくて身もだえしております。よく考えてちゃんとわきまえていただきたいと思っております。

ここに書きつけたのは、わたくし自身のことばじゃありません。経典やその註釈本もろくに理解してない、おしえの本だって読み解いているとはいえないわたくしですから、きっとおかしなことになるだろうとは思いつつも、おなつかしい、亡き親鸞聖人のおっしゃったことやそのときのごようす、ほんの百分の一ほど、端っこのほうだけ思い出して、書きつけました。

念仏をとなえることができたというのは、それだけでもしあわせなこと。でもせっかくとなえたのに、浄土のまんなかじゃなく、すみのほうに生まれるというのは、やはり悲しいことです。ともに念仏をとなえていくひとびとの心が異なっていかないように、なくなく筆をとってこれをしるしました。なづけて歎異抄。人には見せないでください。

附録

後鳥羽院《ごとばいん》の御代《みよ》、法然聖人が他力本願と念仏による宗派をおたてになりました。そのとき興福寺《こうふくじ》の僧たちがこれを敵とみなし、お弟子のなかにさまざまな狼藉《ろうぜき》を働くものがいるとお上《かみ》に訴え出ました。事実無根の流言飛語《りゅうげんひご》によって罪せられた人々。

一、法然聖人ならびに弟子七人が流罪《るざい》、また弟子四人が死罪になりました。聖人は土佐国番田《とさのくにはた》へ流罪になり、罪によって名は藤井元彦男となりました。七十六歳でした。親鸞は越後国《えちごのくに》へ、罪によって名は藤井善信となりました。三十五歳でした。浄円房《じょうえんぼう》は備後国《びんごのくに》へ、澄西禅光房《ちょうさいぜんこうぼう》は伯耆国《ほうきのくに》へ、好覚房《こうかくぼう》は伊豆国《いずのくに》へ、行空法本《ぎょうくうほうほん》房《ぼう》は佐渡国《さどのくに》へ、幸西成覚房《こうさいじょうかくぼう》と善恵房《ぜんえぼう》二人も同じく遠流《おんる》ときまりましたが、無動寺《むどうじ》の善題大僧正《ぜんだいだいそうじょう》が責任をもって引き取りました。遠流の人々は以上の八人でありました。

死罪になった人々。

一番　西意善綽房《さいいぜんしゃくぼう》
二番　性願房《しょうがんぼう》
三番　住蓮房《じゅうれんぼう》
四番　安楽房《あんらくぼう》
二位法印尊長《にいほういんそんちょう》の裁決でありました。
親鸞は僧のかたちを改め、俗名《ぞくみょう》を賜りました。もはや僧でなく俗でもなくなりました。それで、禿《とく》の字をもって姓としたいとお上《かみ》に申し出て、聞き届けられました。その申し状は今も外記庁《げきちょう》におさめられているそうです。流罪の後は、愚禿《ぐとく》親鸞《しんらん》と署名なさいました。

3　旅

旅のつづき。

機内では和讃《わさん》を読んだ。こないだいちばん上の娘が、親鸞の和讃を読んでみたいけどむずかしくて読めないといってたのだ。それで読みはじめてみたら、詩のかたちは完成してるし、漢語（ぜんぶ専門用語の符牒《ふちよう》だ）は多いし、漢語の音に詩という存在がよりかかっている。娘にもわかることばで訳し出してやりたいけどできるかどうかと思いながら和讃を読んだ。それから原稿を書いた。人生相談だった。復縁したいと女がじだんだを踏んでいた。復縁はできませんと書いた。ラップトップはカリフォルニアで買ったのでかな打ちができない。最初はキイボードとマウスを持ち歩いてかな打ちしていたけど、荷物になるので持って出ないようになり、いつのまにかローマ字打ちが自在になった。でも、日本語が日本語じゃないように感じるときもある。それからまた和讃を読んだ。読みあきたら『ブッダは、なぜ子を捨てたか』を読んだ。それから『イワン・イリッチの死』を読んだ。太平洋を渡っているとき、友人が携帯に留守電を入れたようだ。気がついたのは、夜になって熊本に着いてからだ。聞いてみたら、弟が死んだといっていた。いそいで電話すると、声が届いた瞬間に、弟が死んだんだよといって友人が泣いた。

和讃《わさん》　ひかりのうた

三

アミダさまが
お目ざめになりました
それから長いときがたちました
真理のひかりはどこまでも
盲冥《まっくら》な世を
てらしいだしてくださいました

四

智慧《ちえ》のひかりはかぎりない
かぎりある生をもつものはみな
そのひかりを身に受けて
暁《あかつき》のように明けていきます
いつわりなく
かならず実となる
あかるいひかりを
たよりなさい

五

じゆうになるひかりは
どこまでもとどきます
ひかりをかぶれば
だれもが
苦しみからのがれられるとおっしゃって
へだてなく救ってくださるあのかたを
たよりなさい

六

ひかりの雲がゆくさまは

まるでなにもない大空のよう
さわりあるものたち一切に
なにさわりなくふりそそぐ
その一切が
ひかりのめぐみを受けとります
不思議なかたを
たよりなさい

七

清らかなひかりはただひとつ
このひかりに遇《あ》えました
ひきずりつながる一切を

無くすることができました
さいごまで拠り所になってくださるかたを
たよりなさい

一五

あのかたのひかりは
月にも日にもまさります
超日月光《ちょうにちがつこう》となづけます
おシャカさまが
ほめたたえても
ほめたたえても
つきることのないひかりです

ならびないあのかたを
たよりなさい

4 旅

旅のつづき。

真夜中、真っ暗闇のなかで、犬が何度も何度も「おかあさん」がほんとにそこに寝ているのか、たしかめに来た。ゆうべ二時ごろ起きちゃったのは、時差ボケもあるけど、犬のつめたい鼻づらに何回もつっつかれたせいもある。今夜は来なかった。安心したのだ。でもやっぱり二時に目が覚めてしまった。このまま朝まで起きて、あい子を送り出して眠る。午後起きて、夜の十時か十一時にはきっと眠たくなり、きっと眠って、半端な時間に起きる。眠るときっと不安夢《ふあんむ》を見る。知人友人が出てきて、リアルな会話をしたりもする。

さっき見た夢は、詩を読むか何かして感動してぼろぼろ泣いた。小さい女の子が、アジアの文化に共通して伝わる、敵に追われて、隠れて、その子の兄が、戦いの、海の……、なんかそんなような。そんなファンタジーみたいな夢でも、見たあとはたまらなく不安になる。

パウロの書簡みたいに親鸞の書簡を読んでみようと思ったのだ。旅する男が人に書き送った信心の手紙たちだ。そう読めるだろうと。そしたら不安と嘆きの連続する声が聞こえた。親鸞の絵姿をなにかの本で見た。禿頭《とくとう》の、眉毛の太い、眼の小さい、頰骨《ほおぼね》の高い、むっつりとした顔の男だった。その絵に描かれたときよりもっと老いたときに、彼はそれを書いた。老いた、疲れた、しょうがない、悲しくてたまらないと慟哭《どうこく》していた。

親鸞書簡　前

▽いや女とは、親鸞の下人とされる女性。王御前（後の覚信尼《かくしんに》　一二二四―一二八三年）は親鸞と恵信尼《えしんに》とのあいだの末娘。

いや女のことで手紙を書いて遣《や》ったそうだが、あの女はいまだに居所もなくて、わびしい暮らしをしている。いたましくてならないが、おれの手にはあまることだし、どうしてやることもできない。あなかしこ。

三月廿八日　　しんらん

王御前へ

▽護念坊《ごねんぼう》も教忍坊《きょうにんぼう》も、親鸞の門弟の一人。新潟の流罪地にあった親鸞は、関東の門弟たちからの布施にたよっていた。

護念坊からのたよりに、教忍坊《あなた》からの銭《ぜに》二百文のお志をいただきました。先にもみなさんから、念仏勧進《ねんぶつかんじん》のためにと、お志たしかにいただいてあります。どうか感謝の意を伝えてください。この返信にておなじ気持ちを伝えます。

さてこのお尋ねですが、まことにいい質問です。まず、往生のためには一度の念仏で足りるというのは、まことにそのとおり。だからといって一度以上念仏をいってはならないということはない。そのへんは唯信鈔《ゆいしんしょう》にくわしく書いてありますから、よく読んでご覧なさい。

一度だけが必要なのだから、あまったら十方《じっぽう》の衆生《しゅじょう》にふりわければよいというのも、そのとおり。しかし十方の衆生にふりわければといって、自分のために二度三度念じるのはよくないと思いこむのはまちがっている。第十八願こそが念仏往生の本願と、阿弥陀さまのおっしゃることだから、数多く念じても一度きりでも、往生はする。一度だけでかならず往生するというのはいいが、多く念じては往生しないということは、ゆめゆめあってはならない。これも唯信鈔をよくよくご覧なさい。

また、有念《うねん》、無念《むねん》ということは、他力《たりき》のおしえにはありません。これは聖道門《しょうどうもん》のほうでいってることで、みな、自分の力で努力して往生しようという聖道のおしえです。阿弥陀さまのお選びなされた本願は、有念でもなく、無念でもない。だれがいおうが、けっして取り入れてはいけない。聖道でいわれることをおかしなふうに解釈して、浄土のおしえのなかでいっているのだから、金輪際取り入れてはいけない。

また、慶喜《きょうき》ということは、他力の信心をえて、これでかならず往生できるとよろこぶ心をいいます。常陸《ひたち》の国の念仏者《ねんぶつしゃ》のなかには、有念・無念の念仏についてあれこれいうのがいるようだが、まちがっています。けっきょく他力というのは、行者《ぎょうじゃ》本人がどうこうするものじゃなく、有念でもなく、無念でもない。それを勘違いして、有念だ無念だといってるのだと思います。

阿弥陀さまの選択なされた本願は、行者本人がどうするというわけじゃないからこそ、ひとえに他力といいます。一度きり念じるのがいい、多く念じるのがいいといいあうことは、けっしてあってはなりません。加えて、一度の念仏のほかにあまった念仏を全宇宙のいのちにふりむけようというのは、お釈迦さまや阿弥陀さまにうけたご恩をおかえしすることです。それはそれでいいのだから、二度、三度念じて往生しようとする人を、まちがっているというのはいけない。よくよく唯信鈔をご覧になるといい。

阿弥陀の本願とは念仏往生のお誓いなので、一度言うのも十度言うのも往生することにはまちがいがありません。あなかしこあなかしこ。

十二月廿六日　　　　　　　　　　　　　　　　　親鸞

教忍御坊　御返事

▽　善乗房についてはわからない。明法房は、親鸞の弟子の一人。念仏布教を妨げ、親鸞殺害をも試みたが、かえって親鸞に心服し、弟子となった。

導いてくれる人をばかにして、師をそしるものを謗法《ほうぼう》のものという。親をそしるものを五逆《ごぎやく》のものという。つきあうことはない。だから北の郡《こおり》にいた善乗房。親をののしり、おれの悪口をいいちらした。親しくできないと思い、近づきもしなかった。明法房《みょうほうぼう》が往生したことを知りながら、そのあとをおろそかにする者は、志を同じくする同朋《どうほう》とはいえぬ。無明《むみよう》の酒に酔いどれた者に酔うことをすすめ、三毒《さんどく》をたべつづけてきた人に毒をたべろたべろという。あわれなはなしだ。無明の酒に酔って悲しむが、好んで食った三毒の毒もまだ消えはてず、無明の酔いも醒《さ》めきらぬ。よくよく心がけておきなさい。

なによりもいいたいことがある。仏のみ教えも知らぬ、また浄土の教えのまことの底も知らぬ、理屈のとおらぬ、やりたいほうだいの恥じ知らずのものどもにたいして、お前は、悪いことはおもいのままにするがよいと説いているそうだが、それは金輪際しないがよい。北の郡にいた善乗房という輩《やから》におれがとうとう会うこともなく、つきあいもしなかったのを見ていたのではなかったか。煩悩だらけの凡夫だからといってどんなことでも思いどおりにしてよいのなら、ぬすみもするし人もころす。前にはぬすみ心のあった人も、極楽をねがい念仏をとなえることができるようになれば、間違った心を改めるだろう。そのしるしも見せぬ人々に、悪いことをしてもよいと説くのはぜったいにだめだ。煩悩に狂わされれば、とんでもないことをする。してはならぬことをし、いってはならぬことをいい、思ってはならぬことを思う。往生のさわりにならないからといって、してはならぬ、いってはならぬ、腹黒いことを人にするのは、煩悩のせいなんかじゃない。わざわざ悪事をするなんて、どんなときでもあっちゃならないことだ。鹿島《かしま》や行《なめ》方《かた》の人々を説得し、わるい行いをくいとめ、まちがってる考えを制してやってくれ。それが、おれとともにあるいてきたものとしてのふるまいだ。どんな行いも思いにまかせてよいとおれは断じていったことはない。そう思われたのが実になげかわしい。この世で悪いことを捨てる。あさましいことをしない。それが、この世を厭い、念仏をとなえるということなのだ。長年念仏をとなえてきた人でも、悪いことをしたりいったりするのは、この世から離れようという意思もないことになる。

そういうわけで善導《ぜんどう》のおしえには「悪をこのむ人はつつしんでとおざかれ」とある。観経四帖疏《かんぎょうしじょうしょ》の至誠心《しじょうしん》のところにかいてある。いつおれが自分の心の悪いままに行動しろといったか。経も註釈も、如来のことさえもろくろく知らぬ身に、ぜったいにそんなことをおしえてはいけないのだ。あなかしこあなかしこ。

十一月廿四日

親鸞

▽ 慈信坊善鸞《じしんぼうぜんらん》。親鸞の長男。関東の門弟たちの騒擾を鎮めるため、派遣される。後に異端事件を起こし、父親鸞から義絶される。
「大部の中太郎」とは、親鸞の門弟、常陸国大部の平太郎と同一人物とされ、平次郎すなわち歎異抄を著した唯円の兄との説がある。

九月二十七日の手紙くわしく拝見。またお志の銭五《ぜにご》貫文《かんもん》、十一月九日にたしかに頂戴。

田舎の人々についてだが、この年月《としつき》念仏してきたのはむだであったと、あちこちで人々がさまざまにいってるそうだが、なんと悲しいことであるか。かれらは書物をいくつも書きうつして持っているはずだ。どう読んでいるのか。じつに気がかりだ。慈信坊《おまえ》がくだって行って、「自分が親鸞《おれ》からきいた話は真実だが、いつもやってる念仏はむだなのだ」といったという。それで大部の中太郎のところに集まっていた九十何人が、みな慈信坊《おまえ》のもとへ行って、中太郎入道《ちゅうたろうにゅうどう》を捨てたと聞いておる。どういうわけでそうなったのか。けっきょくは信心が定まっていなかったと聞いておる。どういうわけで、それほど多くの人々が動揺しているのか。困った状態にあるようだ。そんなふうなうわさの出回るときは嘘もはったりも多かろう。おれ自身についても、えこひいきしているなんぞというわさも聞いた。精一杯のことをして、唯信鈔《ゆいしんしょう》や後世《ごせ》物語《ものがたり》、自力《じりき》他力《たりき》の文《ふみ》の真髄や、二河《にが》の譬喩《ひゆ》なんかを書いて、いろんなところに送って遣《や》ったが、みな信じられないということになっているらしい。いったい、どんなすすめかたをしたのか。

わけのわからないことになっているようで、困惑している。くわしく事情を教えてもらいたい。あなかしこあなかしこ。

十一月九日

親鸞

慈信御坊

▽真仏坊《しんぶつぼう》、性信坊《しょうしんぼう》、入信坊《にゅうしんぼう》、いずれも関東における親鸞の直弟子。

真仏坊、性信坊、入信坊、この人たちのことは聞いた。実に残念だ。おれの力がおよばなかった。またほかの人たちの心が一つになってないことも、おれの力がおよばなかった。人々が一つ心を持っていないのだから、いまはあれこれ言うな。他人のことも話すな。よく承知しておくこと。

親鸞

慈信御坊

▽親鸞八十三歳。火災に遭ったことを知らせる手紙。

円仏坊《えんぶつぼう》が離京した。熱心なあまりに雇い主にも知らさずに上京したのだ。どうか心にとめて、雇い主に口添えして遣《や》ってくれ給え。この十日の夜、火事があって焼けてしまった。円仏房は、よくよくたずねてくれたのだ。その気持ちがありがたかった。きっとこのことは君にも話すだろう。よく聞いて遣ってくれ給え。何ごとも何ごとも忙しすぎてろくに書けない。あなかしこあなかしこ。

十二月十五日

（花押）

真仏御坊へ

さて、念仏にかんして、どうにも難しいところにきているようだ。気がかりでならない。どうもおれの見るところ、この土地はもうだめなんじゃないか。念仏ができないといって嘆いているだけではいけない。じゃまをする方に何があったっておかしくはないが、こっちは念仏を申しているのだから、おそれることは何もない。念仏をひろめるために念仏者《ねんぶつしゃ》以外の人々と談合するなんてことは、けっ

してしないのがよい。その土地に念仏が広まるのも広まらないのも、み仏のおはからいだ。

慈信坊《じしんぼう》がああだこうだといってることで、ずいぶん人々の心も定まらなくなったようだ。困ったことになったものだ。とにかく仏のおはからいにまかせてしまうがよい。その土地の縁《えにし》がつきたのだったら、どこへでも移っていけばよい。そうはからってもらいたい。

慈信坊のいうことを信じてはいけない。このおれが、念仏者以外と関わりを強め、念仏を広めよと言ったそうだが、そんなこと、断じて言うわけがない。迷惑《めいわく》至極《しごく》な嘘にすぎぬ。この世の習いというやつで、念仏がさまたげられるのは以前から仏が説いておられたことだから、おどろくことはない。

慈信坊が言ってるようなことを、おれの意見だとは、ぜったいに考えないでもらいたい。おしえについても、慈信坊は、とんでもないことをふれまわってるようだ。耳を傾けてはいけない。聞いたこともないような嘘っぱちを言っているらしい。嘆かわしくてならない。

入信坊《にゅうしんぼう》などもほんとに気の毒だ。なんでも鎌倉に居つづけらしいが、まいっているだろう。今はそれもしかたのないことなのだ。そうせざるをえまい。何しろおれの力が及ばなかった。

奥州の人々が慈信坊にだまされて、その信心がみな浮き足立ってしまったということが、つくづく悲しく、また痛ましくさえ思えるのだが、これについても、おれが人々をだましたように思われているのが、なさけなくてたまらない。やはり日ごろから、人々の信心のさだまっていなかったのがあらわれてしまった。気の毒なはなしだが、慈信坊のいうことなんぞで信心がたじろぐのも、つまりはその信心がほんものじゃなかったからだ。かえってよいことであった。でも人々はおれがそうさせたと思っているらしい。それがなさけない。

おれたちは日ごろから、さまざまな書物を書きうつしてもってきた。今はその甲斐もなくなった。唯信鈔《ゆいしんしょう》も、ほかのものも、今はみんなむだになってしまった。書きうつしてたもってきたこのおしえは、あっけなく無くなってしまった。慈信坊にしたがったみんなが、大切な書物を捨ててしまったと聞いた。手だてはなかったのだと思いつつも、それを聞くのが、ほんとうに悲しい。よくよく唯信鈔、後世物語《ごせものがたり》をご覧なさい。長い間、信心があるあるといっていた人たちの心は、みんな嘘いつわりであったのだ。あさましくてたまらない。あさましくてたまらない。何もかも。何もかも。また書きます。

正月九日

親鸞

真浄御坊

▽親鸞八十四歳。息子、慈信坊善鸞を義絶した手紙。

いいたいことはじゅうぶんに聞いた。まず哀愍房《あいみんぼう》とかいう者がおれから手紙をもらったと言っているそうだが、そんなばかな話はない。おれは会ったこともなければ、手紙を受け取ったこともない。手紙を遣《や》った覚えもないのに、おれから手紙をもらったというのはおかしいではないか。また、おまえの説教していることは、おれにとっては、聞いたこともない、知らぬことである。それを、慈信《じしん》一人に、夜、親鸞が教えたと、人に吹聴しているそうだが、そのために常陸《ひたち》や下野《しもつけ》の人々がみな、おれが二枚舌を使うと思っているのだ。もはや父子の義理は持たぬがよかろう。

また母の尼についても、わけのわからぬことを言ってるそうではないか。許せぬ思いである。みぶの女房《にょうぼう》がここへ来た。慈信房からもらったといって手紙を持ってきた。まだここに置いてあるようだ。おまえの手紙とはっきりわかる。そして、事実関係はまったくないのに、継母《ままはは》にたぶらかされたと書いてある。何ごとであるか。あきれ果てておる。いうにこと欠いて、継母の尼にたぶらかされたなどと、なんと嘆かわしい嘘をつくか。みぶの女房のもとへ、あることないこと、とんでもない嘘っぱちを書いて遣ったこともおおいに気に入らぬ。このような嘘っぱちを、おまえが京の六波羅《ろくはら》や鎌倉の当局にまで吹聴《ふいちょう》しておるのかと思うと、不愉快でならぬ。

この世に生きておれば、嘘の一つや二つつくことがあるだろう。それでもやっぱり嘘はいやなものだ。その上おまえは、極楽往生の要点についておかしなことを言いふらし、常陸や下野の念仏者たちを惑《まど》わした。その嘘をおれに押しつけた。不愉快きわまりない。第十八の本願をしぼむ花にたとえたせいで、聞いた者はみな信心を捨てたと聞いた。これこそ仏法を誹《そし》り、真理を蔑《ないがし》ろにする謗法《ほうぼう》の罪だ。また罪の中でももっとも重い五逆《ごぎやく》の罪だ。わざわざ好んで犯し、人を傷つけて惑わせた。おれの心がきりきり痛む。

いいか。破僧《はそう》の罪というのは、五逆のその一だ。親鸞に嘘を押しつけたは、父をころすということだ、それも五逆のその一だ。おまえについて伝え聞くことは、こんなことばかりだ。もはや、おれは親ではない。おまえを子とも思わない。三《さん》宝《ぼう》（仏法僧《ぶつぽうそう》）と神明《しんめい》（天の神、地の神）に誓って、これぎりだ。嘆いても嘆ききれない。おまえが、自分とは違う考えを持つ常陸の念仏者《ねんぶつしや》をみな惑わそうとしていると聞いた。胸糞《むなくそ》の悪い話だ。常陸の念仏者たちをだめにしてしまえと指示したのは親鸞だと、鎌倉で証言したとも聞いた。嘆かわしい。実に嘆かわしい。

五月廿九日　同六月廿七日到来

（在判）

建長八年六月廿七日これを註《しる》す

慈信房　御返事

嘉元三年七月廿七日書写了

5 旅

旅のつづき。

マサチューセッツへ行って帰った。シカゴで乗り換えて、前に行ったのと同じ空港、車に乗り換えて別の町。二日前からひどい下痢が続いていっこうに治らず、飛行機の中で飲んだコップ一杯のジュースで、それが二日ぶりの食べ物だったのにもかかわらず下痢になり、窓際の席から乗客をかき分けて何度もトイレに通うことになり、そのあとは飲まず食わずでホテルにたどり着いて何も食べずにばったり倒れて寝た。次の日も一日飲まず食わずで人としゃべって講演やってさらに人としゃべった。食べたのは夜遅く招待されたレストランで注文したムール貝のスープだけだ。女子大の人たちに呼ばれたので、関係者はみんな女だった。女たちの会話に加わりながら食べた貝のスープが五臓六腑に沁みわたった。その次の日も家に帰り着くまで飲まず食わず。コヨーテとかオオカミとかを思えば、たいしたことはない。飛行機の中で、ずっと下の景色の移り変わるのを見ていた。山脈があった。森林があった。「悪い土地（バッドランド）」と呼ばれる場所らしいところの上も通った。ごつごつして岩場がつづいた。遠くに「思い出の谷（モニュメントバレー）」らしきものも見た。地形がえぐれて谷や山ができていくのを眺めた。太陽が沈みかけていちめんの色が変わっていくのも眺めた。暗くなった頃に「塩の海（ソールトンシー）」というカリフォルニア東部の塩湖の上を低く横切り山並を越えて、サンディエゴ空港に着いた。

サンディエゴ空港には夫が迎えにきていた。あと少しで親鸞が手紙を書いてた年になるほど老いた夫だ。おれは他の老人よりずっと若く見えるし、足腰はぎくしゃくしてるが頭はかつてないほどしゃっきりしていると思っている。でも客観的に見れば、あと数年で死に触れる老人だ。まだまだという主観ともうだめかもしれないという客観が出たり入ったりする。そこで苦しみもだえるのを、日々眺めていなければならない夫だ。

親鸞書簡　後

▽性信房《しょうしんぼう》は、親鸞のはじめての弟子。影が添うように、親鸞に付き随ったと言われる。「しむの入道」については不明。

武蔵《むさし》から、しむの入道《にゅうどう》という人と、正念房という人が、上京して会いに来てくれた。大番役として上京したんだそうだ。念仏の志があるそうで、実にうれしかった。君に勧められたということで、これもまたとてもうれしいことだった。どんどん人に勧めてください。信心が変わらぬように導いていってください。念仏は、阿弥陀仏のお誓いだ。それから釈尊のおことばだ。また十方《じっぽう》の恒沙《ごうじゃ》の数ほどの諸仏のあかしでもある。信心は不変だと思っていたが、さまざまに変わってしまった。あれは悲しすぎる。だからじっくりと勧めてください。あなかしこあなかしこ。

九月七日

親鸞（在判）

性信御房

（追伸）

念仏のことで、君がずいぶん奔走《ほんそう》していたが、今は落ち着いて楽になったようだと、彼らが話してくれた。ほんとうによかった。何ごとも何ごとも言い切れないものだな。命があったらまた書きます。

他力《たりき》のなかに自力ということはあると聞いた。他力のなかにまた他力があるというのは聞いてない。他力のなかに自力というのは、つまり、念仏以外の修行も

しなけりゃだの定まった心で念仏しなけりゃだのと心にかけてるようなのが、他力のなかの自力の人々だ。他力のなかにまた他力ということは一切聞いていない。専信房がしばらくこっちにいるということだから、あとはすべてそのときに。あなかしこあなかしこ。

銭二十貫文　慥々《たしかにたしかに》　いただいた。あなかしこあなかしこ。

十一月廿五日　　親鸞

真仏御房　御返事

▽　有阿《ゆうあ》弥《み》陀《だ》仏《ぶつ》は、親鸞の門弟の一人。

お尋ねの件、念仏についての疑問で、念仏往生を信じる者は浄土のすみっこに生まれるといって嫌われているとのこと、納得がいかない。理由はこうだ。阿弥陀の本願というのは、阿弥陀が、その名号《みょうごう》をとなえるものを浄土に迎えようとお誓いになったものだ。それを深く信じて、そのみ名を称えるのがいい。またひたむきにみ名をとなえても、信心が浅ければ往生はできない。だから念仏往生と深く信じた上で、さらにみ名をとなえていけば、疑いなく浄土のどまんなかに生まれる。ようするにみ名をとなえるといっても、仏におまかせしない心でやってると、すみっこに生まれるということだ。仏にすっかりおまかせしてお誓いを信じている人々は、どうしたってすみっこになんか生まれるものか。このへんをよくよくこころえて念仏し給え。おれも今はすっかり年を取った。きっと君より先に往生するから、先に行ってかならずかならず待ってるよ。あなかしこあなかしこ。

七月十三日

親鸞

有阿弥陀仏　御返事

自然《じねん》とはこういうことだ。まず自《じ》は、おのずからということだ。念仏するものがどうこうするというのではない。然《ねん》というのは、「そのようにさせる」ということだ。「そのようにさせる」というのは、念仏する者のきもちや努力でどうにかするんじゃない。阿弥陀仏のお誓いなすったことなので、それを法爾《ほうに》というのだ。法爾というのは、「阿弥陀仏のお誓いなすったことだから、真理（法《ほう》）のまま（爾《に》）」ということだ。阿弥陀仏の誓ってくだすったことなんだから、人の意思などとうてい及ばないのだ。この真理にそなわったちからが、「そのようにさせる」のだ。それがわかれば、なにもかも、いまさら人が塩梅《あんばい》できるとは考えなくなる。他力においては、意味がないのが意味なんだと知っておけということだ。

自然というのは、もともと「そのようにさせる」ということばだ。阿弥陀仏のお誓いは、もとから念仏するものがどうにかするものではなく、南無阿弥陀仏と頼りにさせてくだすって、そして迎えとってやろうとおはからいくだすったことだ。それで念仏する者が、これで良いだろうとも悪いだろうとも考えないのを、自然というのであると、おれはおそわった。そのお誓いの要点は、念仏するものを無上仏《むじようぶつ》（このうえない仏）にならせてやろうとお誓いくだすったところにある。無上仏というのは、かたちなんか無い。かたちが無いから、自然というのだ。かたちがあるというときには、無上のさとりとは言わない。かたちの無いそのさまを人につたえるために、それを阿弥陀仏とよぶのだと、おれはおそわった。阿弥陀仏は、自然のありかたを人々におしえるための手だてなのだ。この道理がわかったならば、自然についてはあまりとやかく言わないほうがよい。自然についてあれこれ言ってるうちに、意味のないのを意味とするということは、やっぱり意味があるんだてなことにもなりかねん。仏智の不思議だということでよいのだ。

正嘉二年歳十二月十四日

愚禿《ぐとく》親鸞　八十六歳

▽関東における弟子の死を悼む。親鸞八十七歳。

閏《うるう》十月一日のお手紙、たしかに拝見。覚念房《かくねんぼう》のこと、なにくれとなく思い出される。あわれである。おれのほうが先だろうと待っていたのに、あちらのほうが先だった。ことばもない。覚信房《かくしんぼう》もすでに行った。かならずあそこで待っていることと思う。二人はあそこで会えるだろう。いうまでもないことだ。覚然房の言ってることは、おれのいうことと少しも変わりがない。かならず同じところへ行けるだろう。もっとも来年の十月頃までお互いに生きていれば、この世でも会える、疑いなく。入道殿のお心も少しも変わらない。おれが先に行っても、きっと待っていよう。みなさんのお志、たしかにたしかにいただいた。なにごとも、命のあるかぎりは言いつづけよう。またそちらからもことばをいただきたい。この手紙を拝見し、こんなに心の動かされたことはなかった。言えばいうほど、言いつくせないような気がする。また追って書きます。あなかしこあなかしこ。

閏十月廿九日

親鸞（花押）

高田の入道殿　御返事

▽　一二五九、六〇年（「去年今年」）は、全国的な飢饉と疫病で多くの死者が出た。

なによりも去年今年《こぞことし》と老少男女多くの人々の死に会ったのはあわれだった。ただし生死無常のことわりについては、くわしく如来が説いてくださってるから、おどろくにはおよばない。

まず善信《おれ》ならば、臨終の善し悪しについては言いたくない。信心が固まった人は疑いを持たないから、往生できることがきまっている。それだからこそ、おろかものでももの知らずでも、よろこばしい最期を迎えることができる。往生とは、如来のおはからいだといろんな人がいった。あれは少しも違ってない。長いとしつき、おれがいってきたのもそういうことだ。あなたはどうか頭でっかちな議論などにかまけておらずに、往生をとげるようにしてくれ給え。

故 法然聖人《しようにん》が「浄土の教えを信じるものは愚者《ぐしや》になって往生するのだ」とおっしゃった。おれは慥《たし》かに聞いたばかりか、無学きわまりない人々がやってくるのを御覧になっては「これは往生するね」といって笑っておられたのも見た。学問のできる才気走った人が来ると「往生できるかなどうかな」とおっしゃったのも慥かに聞いた。今にいたるまで思い出す。

人々に惑《まど》わされず、信心を揺るがすことなく、ひとりびとりが往生していくに越したことはない。ただし人に惑わされるまでもなく、信心のさだまらぬ人は成仏するとははっきり決まらず、落ち着かないままでいなけりゃならない。これはあなた宛に書いたが、どうかほかの人にも見せてもらいたい。あなかしこあなかしこ。

文応元年十一月十三日

善信　八十八歳

乗信御房

▽今御前《いまごぜん》とは、恵信尼とは別の親鸞の妻とする説、娘覚信尼のこととする説など、諸説あるようだ。

今御前の母には頼るところもなく、所領でもあれば譲れもしますが、それもありません。わたしが死んだあとは、お国のみなさん、どうかよろしくお頼み申します。こうして手紙を差し上げる常陸《ひたち》のかたがたを頼りにしておりますので、どうかみなさんがたで申し送りの上、あわれんでやってくださいますか。この手紙をごらんください。

即生房《そくしょうぼう》もまた、身すぎもできず、遺《のこ》してやるものもありません。今はただ非力がなさけなく、心残りなのはこのことばかりです。わたしは即生房にも何も遺しません。

常陸のみなさんならば、きっとこのものどもをあわれに思ってくださるでしょう。不憫と思ってあわれんでくださいますように。この文を読んだみなさんがおなじ気持ちを持ってくださいますように。あなかしこあなかしこ。

ぜんしん（花押）

十一月十二日

常陸の人々の御中へ

6 旅

旅のつづき。

成田からＬＡＸに着いた。入国審査のとき、審査官に頻繁な出入りを疑われ、しつこくとどめられていろんなことを訊《き》かれた。若い女の審査官で、仕事に慣れていなかったらしく、何度も自分の席を離れて上司に相談しに行った。仕事に慣れていなかったおかげで人間的に話しかけてくれ、こっちの話すことも聞いてくれた。「なぜこんなに出入りが多いのか」と聞くから、「年取った父が一人で日本に住んでいるからだ」というと、「彼をこっちに連れて来られないのか」というから、「どこに住むか、われわれはすでにあらゆる可能性を熟慮しており、父をこちらに住まわせるという可能性についてもいろいろな方向から考え抜いた上で『できない』という結論を出していて、その結果こうやって行ったり来たりをくり返しているのであり、身を削ってやっているのであり、出入国を管理する審査官といえども、そのように他人の家庭内のことに口出しする権利はないのではないか」というとっさに浮かんだ感想を「あなたの商売ではない」という常套句を使って表現したくなったが、すんでのところで押しとどめ、「そうしたいが、あなたたちが彼にビザをくれないからできないのだ」と答えたにすぎない。「それはそのとおり」と彼女もうなずいた。素直な若い女だった。事務所送り（あやしい人物は入国手続きのカウンターから事務所に送られ、そこでさらに待たされたあげくに質問や詰問や尋問をされる）を覚悟したが、彼女はスタンプを押して通してくれた。

和讃　かなしみのうた

三三一

真実のおしえを信心しても
真実の心はそこにはない
いつわりだらけのわたしの身です
きよい心もどこにもない

三三二

外面《そとづら》はだれだって
利口で善良でまじめにはたらく
ところがどうだ本心は
むさぼりいかり
道にはずれていきておる

うそでかためてだましてごまかす
わたしのからだにも
みちみちておる

三三三

悪性《わるいたち》は
なおされぬ
心は
蛇蝎《へびやさそり》のまんまである
善いことをしたって
毒にしかならぬ
修行とは
虚《うつろ》であり
仮《うそ》である

三三四

人にも天にも恥知らずのこのわたし
まごころなんかもってない
それでもアミダのみ名をよべば
めぐみが十方《じっぽう》にみちみちる

三三五

わたしは何も持っていない
ちっぽけな慈《じ》も悲《ひ》も
ありゃしない
人をたすけることなんか

できもしない
アミダさまのお誓いの
このふねがなかったら
どうしてわたろう
苦しみだらけのこの荒海を

三三六

蛇蝎《へびやさそり》みたいな
道にはずれた心を持っているのだ
自分の力で
何ができよう
どこに行けよう

たよれ
たよれ
アミダさまのお力に
でないと罪深いまま死にはてる

三三七

世の中は
どんどん濁《にご》る
僧も俗人も
外面《そとづら》は
仏教を信じるふりをして
内心は

とんでもないものを信じている

三四四

罪にはもともとかたちがない
心がとらわれ
ねじれ
そむいて
できてきた
人の心はほんとは清いのに
この世に
まことの人はいなくなった

7 旅

旅のつづき。

八時間車を運転してバークリーに行き、娘のところに泊まり、車を置いて飛行機で帰ってきた。疲れ果てた。BARTに乗ってサンフランシスコ空港に行こうとしたが、まごついて、通りすがりの人に教えてもらいながら乗って終点まで行ったところ、その前の駅で降りないと空港には行かれないということがわかった。終点駅はMillbraeというのだが、語尾のaeがラテン語みたいに思えてどう発音したらいいのかわからなかった。それでよけい不安になり、動揺して、通りかかった空港職員の制服を着た二人連れの女に訊《き》いたら、駅前からシャトルに乗ればいいのだ、ついてこいといわれ、ついていった。その時点で搭乗時刻まで一時間を切っていた。で、バスが着いたのは国際線だ。行かねばならないのは国内線だ。そしたら二人連れのひとりに、自分は国内線で働いているからついてこいといわれ、彼女に（かれらはフィリピン人だった）ついてAir Trainという乗り物に乗って国内線のターミナルへたどりつき、走り、保安検査場を、おばさんの根性で押し通り、息も絶え絶えになったが間に合った。前の晩に搭乗券を印刷してあったのが救いだった。夜どおし猫が首の上に乗っていた。うれしかったが寝心地がわるかった。猫というのはへんな生き物だ。犬を飼う前は猫を長年飼っていたのに、犬に馴れてみると猫のことはすっかり忘れた。そのからだのつくりも存在の軽さもさわりごこちも歩きかたも人へのなつきかたも、昆布の薄皮が張ってあるように不思議に思える。

恵信尼《えしんに》は親鸞の妻だけど、長い間別居していたようだ（異説もある）。今の人なら別居して離婚ということになるけど、あの頃の人たちはそう考えてなかったようだ。死ぬまで何十年も会えなかったし、死に目にも会えなかったけど、夫婦だった。そのへんの機微《きび》が今いちわからないけど、死が近くにあった時代の人たちだ、それでよかったのかもしれない。親鸞の死んだあと、恵信尼が娘に書き送った手紙がある。御影《ごえい》がほしいといっている。あの禿頭の、眉毛の太い、目の小さい、頰骨の高い顔の肖像のことだと思う。あれを手元に置いてながめていたかったのだと思う。

恵信尼書簡

▽親鸞九十歳での往生を知らせた、末娘覚信尼《かくしんに》の手紙に対する、恵信尼《えしんに》の返信。信蓮坊《しんれんぼう》は、親鸞の第四子という。
益方は親鸞と恵信尼の間の子。住まう地名をとって、そう呼ばれた。

去年《こぞ》の十二月《しわす》一日のお手紙、同二十日すぎにたしかに拝見しました。なによりも、おとうさまのご往生、いうこともありません。
おとうさまがお山を出て、六角堂に百日間おこもりして後世をいのっていらしたときのことです。九十五日めの明け方、聖徳太子さまの文《ふみ》*1をいただいて、そして現れなすったおすがたをみることができました。そのままその明け方にそこを出て、後世《ごせ》のたすかる縁《えにし》をもとめて、法然上人《ほうねんしょうにん》にお会いしました。それからまた、六角堂に百日おこもりしたときみたいに、またまた百日間、降っても照っても、大事な用事のあるときでも、お上人をおたずねして、お上人から後世のことを、善人にも悪人にも差別はないと、生死《しょうじ》からのがれ出る道をただ一すじに説いていただいて、これだと心にきめてらっしゃいました。お上人のおいでになるのがどんなところでも、人はいろんなことを言ってました、悪道に堕《お》ちるとかなんとか、それでもおとうさまは「世々生々《せせしょうじょう》迷いつづけてきたからこそ、今ここにこうしておると思いつめている身ですから」と、いろんなことを人がいってきても、そうおっしゃっていましたよ。

さて、常陸《ひたち》のくにの下妻《しもつま》というところ、その境の郷《こおり》というところにいたときに、わたくしは夢をみました。

お堂の供養のようでした。東向きにお堂は建っていました。初日の宵《よい》のようで、お堂の前には立て明かしがしろじろと燃えていました。立て明かしの西、お堂の前に、鳥居みたいなものがあって、横に渡したものに仏さまがかけてありました。

一体は仏さまのお顔ではなくて、ただひかりのまんなかに仏の頭光《ずこう》があるような感じで、はっきりとお顔は見えなくて、ただひかりばかりがありました。もう一体は、はっきりお顔が見てとれたので、これは何という仏さまでいらっしゃるのと人にききますと、それがだれだったのかわからないんですけど、「あのひかりばかりなのは法然上人、勢至菩薩《せいしぼさつ》さまでいらっしゃいます」といいました。そしたらもう一体はときますと、「あれは観音さまです、あれが善信の御房《おんぼう》ですよ」といったところで目が覚めて、ああ夢だったのだと思ったことがありました。

そんなことがありましたけど、人にはいわない方がと思いましたし、わたくしなんぞがいったところでだれも信じてくれないでしょうから、なんにもいわずにいて、法然上人のことだけをおとうさまにいいましたら、「夢にもいろいろあるが、これは正夢《まさゆめ》だ、上人のことは、あちこちで、勢至菩薩の化身《けしん》だと、夢に見た人がおおぜいいるそうだし、勢至菩薩はいちばん智慧のある方で、しかも光でいらっしゃる」と、おとうさまはおっしゃいました。

おとうさまが観音菩薩ということは人にはいいませんでしたけど、心のなかでは、その後けっして普通のかただとは思いませんでした。あなたもそうお心得なさい。ですからご臨終はどんなであろうと、おとうさまの浄土行きを疑ったことはありませんし、人と同じようなことをいいますけど、益方《ますかた》がご臨終にまにあったこと、親子のちぎりといいますか、深く心に残ってわすれられません。うれしくうれしく思っています。

▽以下は、紙の裏に端書きされたもの。

この文は、おとうさまが比叡のお山で堂僧《どうそう》を勤めていらしたとき、お山を出て六角堂に百日間おこもりして後世《ごせ》のことを祈っていらした九十五日めの明けがたに、観音菩薩さまがおすがたを現わしてさずけてくだすった文です。見てもらいたいと思ってここに書いています。

この手紙を書いて送るのも、おとうさまが生きてらしたときはいう必要もなかったので、いわなかったからなのです。なくなった今は、「こういう人であった、こう生きた」と、あなたの心のなかでだけでも考えてもらいたくて書き記しているのです。字の上手な人にちゃんと書いてもらって持っていらっしゃい。また、あの絵姿《えすがた》を、どれでもいいですから一幅ほしいと思っています。あなたがまだ幼くて、八つだったとき、四月十四日《うづきじゅうよっかのひ》からおとうさまがお風邪をひいてご病気だったときのことも書き記してみました。

今年は八十二になりました。おととしの十一月《しもつき》から去年《こぞ》の五月《さつき》までは今か今かと死ぬときを待ってるようでしたけど、なんとか今日まで死なずに生きていますよ。今年は飢饉《ききん》のようですから飢え死にするかもしれませんね。手紙といっしょに何にも送ってあげられなくてごめんなさいね。力がないのですよ。益方さんにもこの手紙を私と同じ心で伝えてください。ものを書くのもおっくうなので、別に書くことはしませんから。

二月十日

善信《ぜんしん》〔親鸞〕さまは、寛喜《かんき》三年（一二三一年）四月十四日《うづきじゅうよっかのひ》のお昼すぎごろから風邪をひいて、その夕方から寝込んでおしまいになり、腰や膝をさすらせもせずに、もともとご病気のときは看病人もよせつけず、ただ黙って寝ているような人でしたけど、からだをさぐってみましたら、火のようにあつくて、頭痛もかなりひどいようでした。

寝込んで四日目になる明け方、苦しそうに、「そういうことか」とおっしゃるから、どうしたんですか、うわごとですかといいましたら、「うわごとといったんじゃない。実は寝込んで二日めから無量寿経《むりょうじゅきょう》をずっと読んでいる。ちょっと目を閉じたらお経の文字が一字も残さずにはっきり見えてくるんだ。おかしいな、念仏の信心のほかに何がいったい心にかかるんだろうと思ってよくよく考えてみたら、十七、八年前に修行のつもりで三部経《さんぶきょう》を千回読もうとしたことがある。人々を救うためと思って読みはじめたのだが、おれは何をやっているのか、『自信教《じしんきょう》人信難中《にんしんなんちゅう》転更難《うてんきょうなん》』（自ら信じ人を教えて信じるようにすることは、難しいことの中でもよりいっそう難しい）といって、自分でも信じ人を教えて信じさせることが仏恩にむくいることになるのだと信じてはいたけれども、み名をとなえることのほかに何の不足があってこんなふうに経を読もうとするのかと思い返して読むのをやめた。それで少しばかり心残りがあったのかもしれない。人の執心《しゅうしん》、自分の力でやっていこうという信心には、よくよく気をつけないといけないと心にきめてからは、経を読むことはしてなかった。そういうわけで、寝込んで四日めのこの明け方に『そういうことか』といったのだ」とおっしゃって、それから汗をいっぱいかいてよくおなりになりました。

三部経を修行のつもりで千回読もうとしたのは信蓮房《しんれんぼう》の四つのときですから、武蔵《むさし》の国だったか上野《こうづけ》の国だったか、佐貫《さぬき》というところで読みはじめて、四、五日ばかりして思い返して読むのをやめて常陸《ひたち》へいらっしゃったのです。信蓮房は未《ひつじ》の年の三月三日《やよいみっかのひ》に生まれたのですから、今年は五十三になるはずです。

弘長三年二月十日

＊1　これがそのときの文。聖徳太子（観音菩薩）が語ったという。

「行者よ、女を犯す報いを前《さき》の世からひきずっていますね。
わたしがうつくしい女になって犯されましょう。
一生の間よくおはげみなさい。
いのちの終るときには極楽にみちびいてあげましょう」

8 旅

旅のつづき。

あい子を連れて東京に行くつもりだった。それから熊本に行くつもりだった。東京に着いたら友人の家にころがりこむつもりだった。次の日は朝から仕事が入っていた。それで友人があい子を遊びに連れ出してくれるといっていた。ところがＬＡＸの空港で、いったん乗り込んだ飛行機が故障でキャンセル、ぞろぞろと降ろされて長い間列に並び、交渉したあげくに再スケジュールされたのが深夜発の大韓航空ソウル経由で東京という便。十二時間をＬＡＸで過ごした。インターネットに接続し、友人や仕事の人たちと連絡をとりあい、仕事を一日延ばしてもらい、あい子はfacebookで遊び、航空会社からもらったクーポン券で昼食を食べ夕食を食べ、空港の大きな窓から二人で打ち上げ花火を見た。独立記念日だった。ソウルに着いたのは明け方の四時で、空港はがらんとして人の気配がしなかった。成田に着くや「ついといで」とあい子に叫んで切符を買いに走り、追いついたあい子を急《せ》かせて電車に飛び乗った。十年くらい前にもこんなふうに子どもを連れて、さんざん空港を走ったものだ。あのころ抱いて走った子どもが、今は荷物を持って後ろから走ってついてくる。

和讃　母や子のうた

四一

すず風が樹をゆらし
いつつの音階をかきならす
和音がなりひびき
世界はあるがまま
きよらかに
においわたるあのかたを

うやまいなさい

四二

一つ一つの花のなかから
三十六百千億の
ひかりが
てらして
ほがらかに
いたらぬところはありません

九二

みなをひとしく
救おうという心を
「ひとり子の心」というのです
ひとびとを
たったひとりの子のように
思いやれるのは
心に仏をもっているから
浄土にいってさとりなさい

一一五

子どもが母を慕うように

わたしたちが仏をお慕いすれば
かならずここに
きてくださいます
わたしたちは
仏さまを
おがめます
うたがいません

一二八

恩愛はどうしてもたちきれません
生死《しょうじ》はどうしてもはなれません
念仏ばかり

となえておりましたら
つみがきえ
とがもきえ
まよいからぬけでておりました

一五一

いつつの
不思議のはなしをききました
でも仏法の不思議ほど
不思議なはなしはききません
仏法の不思議とは
アミダさまのお誓いなされた

大きなお誓いのことで
ありました

二三九

おシャカさまがおかくれになりまして
二千余年がすぎました
教《おしえ》と行《おこない》と証《さとり》のある世がすぎ
教と行があって証のない世もすぎました
仏さまのいない世の弟子たちよ
悲しみなさい
泣きなさい

三二

救世《くせ》観音《かんのん》は
世の人々を救うボサツさま
聖徳太子さまのお姿であらわれて
おとうさまのように
わたしたちを
捨てずにいてくださいます
おかあさまのように
わたしたちに
寄り添っていてくださいます

9 旅

旅のつづき。

カリフォルニア。いつ起きていつ眠るのか自分でもわからない。いつも眠っている。あるいは眠れずに起きている。夕方眠っていてあい子に起こされたときは、深海魚が所用で海の表面にあがっていかねばならないときのような心持ちだった。所用なんかない、深海魚だから。それをむりやりにあがってていかされるものだから不満たらたら。正信偈《しょうしんげ》の訳ができかけていた。だから旅の間は、正信偈を見て直す、見て直すをくり返した。それで頭がいっぱいで、時間は早く過ぎた。

正信偈。初めてその名を知ったのは、何年か前に、石牟礼道子《いしむれみちこ》さんと向かい合って、何時間も、「死」について話していたときだ。その頃母が寝たきりになり、もう回復することはないとわたしにはわかっていた。つまり死だ。ところが死はなかなかやってこない。母はあれよあれよという間に手足が動かなくなり、病院に入ってそれっきり娑婆《しゃば》に戻れなくなった。いろんな検査をしたけどわからなかった。最後まではっきりした病名はわからずに母は死んだ。自分の身にふりかかった災難に打ちのめされて、最初の数カ月あるいは数年間、母本人もすっかり死ぬ気でいたようだ。でもなかなか死なない、あるいは死ねない。そのうちに本人は生きるようになった。寝たきりでも日々を暮らし、食欲も笑い声も出た。それはそれで人間の生きざまなんだと思った。生きざまはわかっても、死がやっぱりわからない。それで死のことを考えている人、それをことばで表現できる人の話を聞きたいと思って、石牟礼さんのところに行った。

対話のなかで石牟礼さんが詩を朗読してくださった。正信偈でならいおぼえたふしだといいながら、その詩を、読むというよりうたってくださった。むかし聞いた「スターバト・マーテル」のりんと張った女声を思い出した。地声であったから、それよりももっと優しかった。うちに帰って「正信偈」をしらべてみた。「わが家の宗教を知る」シリーズにもちゃんと入っていた。もともとは教行信証《きょうぎょうしんしょう》の一節だったのを後代に蓮如《れんによ》が取り出して、浄土真宗の朝夕のおつとめで読むようになったそうだ。読んでみたらなんと美しい詩だった。「声」がかさなり「光」が放たれ、わらわらとうごめいて生きる一切のものたちを照らし出す。それから波の音が聞こえ、潮のにおいがぷんぷんし、わらわらとうごめいて生きる一切のものたちの穢《きたな》くて濁《にご》った生をすくい取る「海」がそこにたゆたう。

ところが、訳しはじめたら壁がそびえ立っていた。漢文のお経に興味を持ちはじめてからずっとぶつかりつづけてきた、高い壁だった。つまり、親鸞は漢文が読めた。読めただけじゃなくて書けた。法然も源信も聖徳太子も、空海も最澄も紫式部も、みんな漢文の読み書きが自在であった。道元なんて会話もぺらぺらだったという話だ。平安時代の初期には、宮中に、読経用の中国僧がやとわれていたというから、その頃は中国語の発音で読めたわけだ。親鸞たちにとって、鳩摩羅什《くまらじゅう》の訳した漢文なんて、現代の人間にとっての鷗外や漱石ていどのむずかしさでしかなかったかもしれない。あるいはビートルズの英語の歌詞かなんかを読みくだしていくようなものだったかもしれない。だから漢文のまま伝えてきたのに、いつのまにか僧たちが、それから日本の人たちが、漢文を読めなくなった。読めなくなっても、そのまま伝えてきた。発音はなまり、ゆがみ、ひしゃげて、でもずっと伝えてきた。

ことばであり、語りである。ゆがむのも、ひしゃげるのも、人や文化が移動していくとちゅうで、どこのことばにも起こりうる。

正信偈、親鸞は、前半で、阿弥陀仏の誓いについて、信心について、光と海のイメージをあふれさせながら美しく説きわたる。後半では、彼に影響をあたえた僧たちの業績をひとつひとつ説きはじめる。そこがむずかしい。難《なん》中難《ちゅうなん》というやつだ。こちとら知らないことだらけ。勉強は、しても、しても、脳のすきまからだだ漏《も》れに漏れた。

　仏教全体の、いろんな人々の研究や発見や思い入れが、びっしりとつまった専門用語だらけなのだ。かれらが考え抜いた概念が漢語で表現されていて、しかもその漢語が、何世紀もあちこちの国を異国語に翻弄されながら流浪したあげく、鎌倉時代の日本の親鸞までみゃくみゃくと伝わり、それからまた何世紀もみゃくみゃくと伝わって現代にいたる。その結果、隠語化して、ガイシャをホトケというような符牒《ふちよう》とあんまり変わらなくなっている。聞き慣れた単語も多いから、つい、わかったような気になる。長年の間使われつづけて、意味が変わったことばもたくさんある。専門用語のまま何百年もほっとかれたことばもたくさんある。そして、そこだけブラックホールみたいになって通りすぎていく。空《くう》も涅槃《ねはん》も、釈迦も阿弥陀も、如来も菩薩も、みんなそうだ。とりあえず漢字の仏教用語をひらがなのやまとことばにひらこうとしたが、なかなかうまくいくものではない。やりかけて、途方にくれて、そのまま何カ月か何年かが過ぎた。

そして地震が起こった。津波が来た。そのときはカリフォルニアにいて、ネットのニュースをみて驚愕した。二、三百の遺体があるらしいというニュースだった。その日、飛行機は飛ばなかった。翌日も飛ばなかった。その次の日は飛んだ。その日にたまたま日本行きを予定していたのだ。成田行きは満席じゃなかったが、まあまあの人数で埋まった。隣の席には仙台にいくのだというNGOの医者がいた。彼の経験したインドネシアの津波やキューバの津波の話をききながら十時間、成田に着いた。成田から東京行きの電車が通常運転にもどっていた。東京に着いて友人の家に一泊した。居間に大きなテレビが据え付けてあった。そのなかで、ずっと津波が、くりかえし津波が、襲いかかってきた。翌日は熊本にたどり着いた。石牟礼さんに会いに行って、山浦玄嗣《やまうらはるつぐ》さんのことを聞いた。そういう人がいる、ケセン語で聖書を訳していらっしゃる、被災したかもしれない、心配している、と。しばらくして池《いけ》澤夏樹《ざわなつき》さんにもその話を聞いた。山浦さんという人がいる。ケセン語で聖書を訳していらっしゃる、出版社もろとも被災して本は水に浸かったがまだ手に入るかもしれない、と。それで注文し、手元にとどいたケセン語訳聖書の「マッテァがたより」だった。愕然《がくぜん》とした。聖書は語りだった。聖書にも隠語めいた符牒はいっぱいある。それがやっぱり、ひらがなのやまとことばに開いてあった。語りのむじゅんをいっぱいにはらみ、でも語りの魅力を取りもどしていた。むちゅうで聞いた。耳を澄ました。聞《き》き惚《ほ》れた。何日も何週間もそればかり。聖書でこんなことができるんだ、お経だってうかうかしちゃおれないと思った。

それでゆうきをだして、「阿弥陀仏」を「むげんのひかりさま」と置換してみた。ひらけずに残してあった隠語のなかのいちばん手強《てごわ》いものだった。そしたら、ぱあっと光がさしこんだ。ゆりいかっとお風呂から飛び出して走りまわりたい激情にかられた。いや、お風呂のなかで置換してたわけじゃないんだけれども。

ぱあっと光がさしこんで、アミターバ本体が、顔をおおう布だの雲だのをかなぐりすてて、姿をあらわしたような気がした。その存在を信心してきたおびただしい「群生海《ぐんじょうかい》」の人々が、汚泥《おでい》によごれた顔を拭《ふ》いて、はればれとした表情で立ち上がってきたように感じた。

正信念仏偈《しょうしんねんぶつげ》〈むげんのひかり〉さま

あるがままの世界から来られるかたに
いのちをゆだねます。
あるがままの世界から来られるかたの光に
おまかせいたします。

むかし〈むげんのひかり〉さまは
人々とともに歩もうとする修行者でありました。
〈おしえのみなもと〉と呼ばれて

〈なんでも意のまま〉という名の目ざめた人のもとで
修行をしておりました。
そしてそのとき
目ざめた人たちが
それぞれの世界を作ったわけを知り
そこにある草木《そうもく》
そこにある大地
そこにいる生きものたちの善し悪しを見きわめて
この上なくすばらしい誓いをたてました。
広くて大きな誓いでありました。
長い間考えぬいて善いところをえらびとり
つくりあげた誓いでありました。
そこで〈むげんのひかり〉さまは
さらに誓いをたてました。

あらゆるところから
我が名が聞こえてくる世界になるように。

〈むげんのひかり〉さまの光とは
どこまでもとどく光でありました。
はかりしれない光でありました。
さえぎるもののない光でありました。
つよくてはげしい、ほのおの光でありました。
きよらかさにみち、喜びにみち、ちえにみちた光でありました。
何とも呼びようのない、ふしぎな光でありました。
月の光よりも
日の光よりも明るく
塵《ちり》にまみれた世界を照らしました。
群がり生きるものたちは

みな
その光をいっぱいに浴びました。

お誓いにあるように
〈むげんのひかり〉さまのみ名をとなえれば
わたしたちはかならず目ざめる。
それは「すべての人々が
我に心をゆだね
浄土に生まれたいと願い
我が名をとなえるように」と
〈むげんのひかり〉さまが誓われたから。
わたしたちはかならず目ざめるし、心も澄みきる。
それは「すべての人々が
わたしに心をゆだね

澄みきった心をもてるように」と
〈むげんのひかり〉さまが誓われたから。

シャカの尊者《そんじゃ》がこの世にお生まれになったのは
〈むげんのひかり〉さまの
海のように大きな誓いをひろめるためでありました。
今はただ
濁り、よごれて
生きものたちが
群がり生きる海であります。
〈むげんのひかり〉さまのことばに耳をすましなさい。
おまかせしようという心があれば
迷いがあっても、心は澄みきる。
ふつうの人もとうとい人も悪い人もおしえをそしる人も

心をあらためればみな同じになる。
この海に
いろんな水が流れこみ
たったひとつの水になるように。

一切を
受けとめてくださる〈むげんのひかり〉さまのみ心が
わたしたちを照らしまもってくださる。
闇は破られ明るい光がさしこんできたが
むさぼり、ほしがり、いかりにくむ心は
まことの心を
雲や霧のようにおおっている。
でも、見てごらん。
太陽が雲におおわれても

雲の下は明るい。
〈むげんのひかり〉さまにおまかせしようと思い
〈むげんのひかり〉さまをうやまって喜びにみたされる人は
どんな運命ものりこえていける。

善い人も悪い人もみな
〈むげんのひかり〉さまのお誓いに
耳をすまして
心をゆだねなさい。
シャカの尊者はこうほめてくださる。
「おお、よく理解した。
ハスの花のような人たちだ」。
道にはずれた人、おごりたかぶる人、悪い心の人にとって
〈むげんのひかり〉さまのお誓いとみ名の力を

心にいだくことも
ずっといだきつづけることも
とてもむずかしい。

先師たちが
インドや中国や日本で
シャカの尊者がこの世にお生まれになったわけを
あきらかにしてくださいました。
〈むげんのひかり〉さまのお誓いが
わたしたちを救ってくださることを
あきらかにしてくださいました。

シャカの尊者はランカー山で
人々にこうお告げになりました。

「南インドに
龍樹《ナーガールジュナ》*1があらわれる。かれは
ものごとは『有る』でもなく『無い』でもないのだと
見きわめるだろう。
ほかの生きものたちを救いたいという
大きな乗物のようなおしえを
伝えるだろう。
まことを知った喜びにみちて
苦のない、きよらかな国に
生まれかわるだろう」と。
「きびしい修行は
陸地を歩いていくようにむずかしい。
〈むげんのひかり〉さまのみ名を呼ぶのは
水路を舟でいくようにかんたんだ。

〈むげんのひかり〉さまのお誓いを心にいだくものは
かならず目ざめる。
〈むげんのひかり〉さまのみ名をひたすら呼びなさい。
大きくせつないお誓いに
しっかりと
こたえていきなさい」とナーガールジュナはかたりました。

天親《ヴァスバンドゥ》＊2はきよらかな国について論じ
〈むげんのひかり〉さまに心をゆだねました。
大無量寿経《だいむりようじゆきよう》を読みといてしんじつを知り
〈むげんのひかり〉さまのお誓いが
わたしたちを
迷いからいっきにときはなつことを
あきらかにしました。

群がり生きるものを救うために
お誓いの力におまかせしようという一心を
あきらかにしました。
「〈むげんのひかり〉さまの
大きい海のような力におまかせすれば
わたしたちはかならず
きよらかな国に生まれかわる。
ハスの花のさきみだれるその国に行きつけば
すぐに
ものごとのあるがままの姿を知る。
そして目ざめる。
迷いの心におぼれていても
心の力を身につける。
生き死にをくり返していても

人々を救う」とヴァスバンドゥはかたりました。

曇鸞《どんらん》*3は
梁の天子に
「やがて目ざめる人」と敬われました。
ボーディルチ*4に観無量寿経《かんむりょうじゅきょう》をおしえられ
道教の書を焚きすてて
きよらかな国のおしえに心をゆだねました。
ヴァスバンドゥの論を読みといて
きよらかな国がつくられたわけを
あきらかにしました。
「それは〈むげんのひかり〉さまのお誓いがあるからだ。
そこに行くのも
行《い》って還《かえ》って人々を救うのも

〈むげんのひかり〉さまの力である。
そこに行くための正しい道は
ひたすらおまかせする心だ。
どんなに立ち迷っていようとも
おまかせする心さえもてればよい。
生き変わり死に変わりするただ中にあっても
心は澄みきる。
光いっぱいのきよらかな国にかならず行きつく。
苦しむ人々を
救いだすことができる」と曇鸞はかたりました。
道綽《どうしゃく》*5はいいきりました。
「修行では
澄みきった心にたどりつけない。

きよらかな国に行きたいという思いだけが
わたしたちを救うことができる。
どんなに善いことをしてもたどりつけない。
〈むげんのひかり〉さまのみ名を呼ぶだけでいいのだ」と。
そしてお誓いを受けとる心、疑わぬ心、その二つを保つ心と
そうできない心について
あきらかにしました。
「みだれた世でもかわらずに
〈むげんのひかり〉さまは
わたしたちをあわれんでくださる。
一生のあいだ悪をつくりつづけても
〈むげんのひかり〉さまのお誓いは
わたしたちを救ってくださる。
苦のない、きよらかな国に行きつけば

わたしたちは
きっと目ざめる」と道綽はかたりました。

善導《ぜんどう》＊6はただひとり
シャカの尊者のお考えをあきらかにしました。
みだれぬ心で修行する人も
暮らしから離れぬ人も
悪人もおしえをそしる人も
救われなくてはならない。
〈むげんのひかり〉さまの光とみ名が
救われるもとになるのだと。
「〈むげんのひかり〉さまのお誓いは海のようだ。
そこに入ってみ名を呼ぶものは
ゆだねる心を

手に入れる。
ゆだねる心と〈むげんのひかり〉さまのみ心が
ひとつになったとき
むかしの韋提希夫人《ヴァイデーヒー》*7のように
ものごとを見きわめるちえ
おまかせする心そして喜びを
手に入れる。
そのとき人は
澄みわたる心とえいえんに苦のない世界とを
手に入れる」と善導はかたりました。

源信《げんしん》*8は
シャカの尊者のおしえをきわめ
ひたすらきよらかな国のことを心に思い

人々に勧めひろめました。
「み名を呼ぶものは心が深い。
それ以外の修行をするものは心が浅い。
浅いものは仮のきよらかな国に行ってしまう。
深いものは真のきよらかな国に行きつける。
罪をかさねた極悪人は
ただ
み名を呼びなさい。
わたしもまた
み心に救いとられているが
迷いにさえぎられてよく見えないのだ。
でも大きなみ心は
いつもわたしを
照らしてくださっている」と源信はかたりました。

わたしの師、源空《げんくう》*9もまた
仏教のおしえをときあかし
善人も悪人もへだてなく
わたしたちをあわれんでくださいました。
この日本の片田舎で
まことのおしえをときはじめ
〈むげんのひかり〉さまのお誓いを
みだれたこの世にひろめてくださいました。
「生き変わり死に変わりして
迷いのなかに還《かえ》っていってしまうのは
疑いがあるからだ。
澄みきった心をもつためには
おまかせする心を
もてばよい」と源空師はかたりました。

このように先師たちが
よごれ濁ったこの世の人々を
見捨てることなく救いあげてくださいました。
世を捨てた者も
暮らしを離れぬ者も
心をひとつにして
おしえを
心にいだいていきなさい。

＊1　龍樹　ナーガールジュナ（龍樹は漢訳）。一五〇—二五〇年頃。大乗仏教を体系化した人と言われる。「空」の思想によって、中観派の祖ともされる。
＊2　天親　ヴァスバンドゥ（漢訳は世親とも）。四—五世紀頃。大乗仏教の唯識説

る。

＊3　曇鸞　五―六世紀頃。北魏の人。浄土教を中観思想によって体系化したとされ

の大成者とされる。

＊4　ボーディルチ　六世紀頃。インドから中国にわたり、訳経に専念した僧。曇鸞

に浄土教典を授けたとも言われる。

＊5　道綽　唐代の僧。中国浄土教の祖師の一人とされる。

＊6　善導　唐代の僧。中国浄土教のうち、曇鸞・道綽の流れを大成した人とされる。

法然の浄土教はこの一派を継承した。

＊7　韋提希　ヴァイデーヒー　古代インド、マガダ国王の后。幽閉されたこの后に

向かって、釈尊の説いたのが、『観無量寿経』と伝えられる。

＊8　源信　九四二―一〇一七年。天台宗の学僧。『往生要集』を著し、日本におけ

る浄土教の礎を据えた。

＊9　源空　法然の諱《いみな》。

10 旅

旅のつづき。

成田のチェックインカウンターで、アップグレードを試みたが満席でできなかった。でも壁の前の席をもらったからややましだった。ＬＡＸにたどり着いて、さらに国内線のターミナルにたどり着いた。そこにビール醸造所の直営店があった。中に入って注文したら、身分証を見せろといわれた。未成年には見えないでしょうと、きまりなのだといわれた。同じ店が別のターミナルにもあるが、そこでは身分証は見せたことがない。初めてそこに入っていってビールを一杯買い求めたのはこういう経緯だ。あるとき飛行機がキャンセルされた。長い間列に並んで、交渉して、やっと翌日のサンフランシスコ経由東京行きに振り替えてもらって、心もからだもやるせないほど疲れ果てて、サンフランシスコ行きの搭乗口に向かっていたとき、この店が目にとまった。今までこんなところでビールを飲もうなんて考えたこともなかったのに、そのときは何がなんでも飲みたくなり、入っていって、椅子にすわって、隣の席の男に小声で、こういうところで注文するのははじめてなんですがどうすればいいんですかと聞くと、ウエイトレスが向こうから来てくれると教えてくれた。来てくれたウエイトレスはアジア系の若くない女だった。それだけでずいぶん気が楽になり、よその人が飲んでいる赤っぽいビールを指し示すと、「赤いトロリーのエール」というのだと。身分証なんか見せなくともビールは出てきた。ほんとに赤くて、モルトが強くて、苦くなくて、穏やかだった。心身に沁みた。それから何回もこの店に立ち寄って、身分証を見せずに赤いトロリーのエールを飲んだ。今回、身分証を見せて手に入れた赤いトロリーのエールを飲みながら考えたのは、この移動をぱたりとやめたら、どんな生活になるのか想像もつかないということ。この移動があるから、わたし自身が成り立っているような気さえしているということ。

家に着いたら犬どもがよろこんだ。植物どももさわさわした。出る前に買ったイポメアは明るい緑でまだ生きていた。出る前に何個ものコップに挿しておいたトラデスカンチアはどれもごうごうと繁っていた。リビングで放心していたら、あい子が「おかあさん、せいせきってどういう字」と聞いてきた。書いてやったら「ああわかった」という。書くのが目的じゃなくて、コンピュータに出して見分けるのが目的。この頃、日本の友だちとメールのやりとりをしているらしい。向こうは気をつけてひらがなを多くして書いてきてくれる。でも子どもには子どもなりの自尊心があって、こっちからも漢字入りの文章を書いて送りたい。でもまだ一人では覚束《おぼつか》ない。

和讃　うみのうた

一八

ありとあらゆる
生きものたちのために
仏さまがたのめぐみを
あつめてくださる
アミダさまのお誓いは
広くて大きな心の海よ

たよりなさい

一二五

生死《しょうじ》の海は
苦しみだらけの海
岸にたどりつけない海
わたしたちは
ずっとおぼれておりました
アミダさまのお誓いのふねだけが
かならず岸にわたしてくださいます

一三二

アミダさまのお誓いに
であうことができました
わたしたちはむだには生きません
ゆたかな海には
めぐみがみちみち
迷いだらけの濁《にご》り水《みず》も
なにへだてなく流れ入る

一五九

「なむあみだぶつ」は

不思議な海水
悪人たちの屍骸は
ただよいながら
一つところにはとどまりません
さまざまな悪が何万と
川のように流れこんでいきますと
めぐみの潮が
たったひとつの水にしてくれます

一七七

濁った世界で生きるとは
悪を起こして罪を造るということ

吹きすさぶ風や
降りしだく雨の
ただなかで生きるということ
仏さまがたはあわれんで
念仏をすすめてくださいます
浄土にかえそうとしてくださいます

一九四

濁って汚い世界に生きるなら
信心だけをかたく持ち
生き死にめぐることを捨てきれる
自然《じねん》の浄土にいきましょう

二三七

なむあみだぶつととなえれば
海水のように
善がなみなみ
おしよせてきます
きよらかな善を
この身にいただきました
今はみんなにわけあたえます

二七七

アミダのお誓いは
ひろくておおきな海のよう
ちっぽけでつまらないわたしどもの
善い心や悪い心
そのなかに流れこめば
そこで
大きな慈悲の心となる

二九〇

アミダさま
観音ボサツさま

勢至《せいし》ボサツさま
お誓いを
ふねのようにうかばせて
生死《しょうじ》の海にこぎ出《い》だし
おぼれる人々を呼びあつめ
ふねにのせてくださいます

11 旅

旅のつづき。

ＬＡＸに着いて入国審査の長い列を通り抜ける。税関検査を通り抜け荷物を国内線乗り継ぎの受付に渡してターミナルの外に出る。出発の階に上がり長い保安検査の列を通り抜けて国内線のターミナルに行く。ここが現在形なのは、一回こっきりの経験だからではなく、毎回、毎回、経験する、誰でもが経験する、普遍的な過程だからだ。そしてアメリカ文化の人々は、日本文化の人々より悠長で、待つことに慣れている。誰も何にも文句を言わずに長い列に並びつづける。この国民性は、たぶんディズニーランドが培った。長い列を通り抜けたところに日光がいっぱいにあたる一画があり、観葉植物が何十個と置いてある。ターミナル6とターミナル7にそういう一画がいくつかある。植物好きな職員がてきとうに世話しているんじゃないかと、そこを通るたびに考える。ときには立ち止まって観察する。そのたびに確信して、そのたびに年間の割り当て予算は数百ドルだと概算する。なにしろドラセナやスパシフィラムやベンジャミンゴムといった、安くて丈夫なものばかりだし、ほこりだらけだ。園芸屋から仕入れたままのプラ鉢が多いし、陶鉢もよくある安物、受け皿は薄っぺたいプラ皿だ。ときどきじょうろが置きっぱなしにしてある。少ない予算を工夫してせめてスプリンクラーをつければいいのにとか、置き方を工夫して鉢と鉢の間に下生え的な鉢を置いてみればいいのにとか、毎回考える。今回も考えながら、ターミナル6の保安検査場を抜け、長い通路を歩いてターミナル7に着いた。ローカル線はターミナル7のいちばん端っこにある。

旅のつづき。
あと二日で東京に行く。この頃は移動のたびに、前夜の用意に時間がかかるのだ。何を持って行って（書類、本、服）何を置いていくかが決められない。決めるためには、行く先で、どんな場所で何をして誰と会うかをシミュレーションしてみなくちゃいけない。してみるのだが、それがうまくできない。むかしはもっとかんたんにシミュレーションできたし、決められたような気がする。今はどんどん決められなくなっているような気がする。人前に出るときの自分のイメージもわからなくなっているような気がする。それで着ていくものを決められない。季節にも合わせられない。いつも暑い思いをして汗だくになってもだえる。その不快さを忘れられないから、よけいに何も決められず、けっきょく寝不足で、吐き気と頭痛でいっぱいになって飛行機に乗る。

旅のつづき。

大阪で叔母たちに会った。母の妹たちだ。いちばん上の伯母はこの夏死んだ。そのとき従弟が携帯に死に顔を送ってきた。消せなくて何カ月か持っていた。携帯の画像のデータをさぐるたびに死に顔が出るので、そのたびにぎょっとするのだ。空港まで送ってきてくれた従弟夫婦と別れたあと、データの全消去という機能を使って、あい子や犬や植物たちの画像もろともに、伯母の死に顔を消した。伯母にはさんざんかわいがられた。

旅のつづき。

東京の国立博物館で親鸞の字を見た。展覧会場に入って、まっすぐ親鸞自筆の「教行信証《きょうぎょうしんしょう》」に行った。なんたる偶然か、ガラスの向こうにあったのは「行」巻のさいご、「本師源空明仏教《ほんしげんくうみょうぶっきょう》　憐愍善悪凡夫《れんみんぜんあくぼんぶ》人《にん》　真宗教証興片《しんしゅうきょうしょうこうへん》州《しゅう》」からはじまる一節で、それこそが「正信偈《しょうしんげ》」、ねてもさめても考えていた文だった。ガラスにはりついてそれに見入った。ああ、実に激しい字だった。はらいもはねも激しすぎるのだった。激しすぎて飛び上がって飛び出しているように見えた。はねやはらいが多すぎるようにも見えた。漢字じゃないようにも見えた。西夏文字《せいかもじ》のような字だった。墨は濃くて真っ黒だった。少し先には蓮如の書いた「歎異抄《たんにしよう》」があったが、その冷静でバランスの取れた字にくらべたら、気の毒なほど、ゴリゴリに自我がかたまって、表面に浮き出していた。「ころしてんや」も「すかされまゐらせて」も「親鸞一人がためなりけり」も、この字を書く人間の声だったのだ。恵信尼《えしんに》の字も見たかったが、展示されていなかった。会期中に展示品を交代するそうだ。でもカタログには載ってたから、大きくて重たくて凶器になりそうなやつを買い求め、ひきずりながら海を渡った。荒波であった。揺れに揺れた。

帰り着いて、旅の毒をすべて吐きもどして、十八時間ぶっつづけに寝て、目がさめた頃、隣人が感謝祭の残りを持ってやってきた。呑み込まれるような脂っこさに胃がきしんだ。父に電話して、なんだか具合が悪いのといったら、「いつものことだから」とさらりといわれた。そのとおりだ。いっときがまんすればまた元気がもどる。

文庫版あとがき

旅のつづき。

この本を出してから、いろんなことがあった。

父が死んだ。あの、階段を上ってわたしを見に来た犬も死んだ。父が飼っていた犬をカリフォルニアに連れていった。その犬もやがて死んだ。わたしは旅をつづけた。

夫はどんどん老いていった。その頃、わたしはベルリンに三週間ほど滞在した。最初は夫もいっしょに行くつもりだったが、老いて、車がなければどこへも行かれなくなっていて諦めた。三週間、一人になって、冬至前後の長くて暗い夜を見つめていた。それも旅だった。

ある日、ドイツ歴史博物館に行った。十九世紀末のベルリンを知りたかったのだが、おもしろいものをみつけた。ルターの肖像画だ。クラナッハが描いた。その肖像画が何となく似ていたのだった、親鸞に。恵信尼《えしんに》がほしいと言っていた絵姿の親鸞に。

ベルリンに招待してくれた友人は、もともと牧師の娘で、今も近所の教会に通っている。ある日、堅信礼《けんしんれい》から五十年目の儀式をするから来ないかと誘われた。当日、彼女は先に行き、わたしは彼女の夫に連れていってもらった。駐車場ではなく、教会の真ん前で車を停めたから、入らないんですかと聞くと、「いや僕は」と首を振り、「あっこの人キリスト教徒じゃないって見つからないようにね。見つかったらたいへんだよ」とわたしを笑わせて帰っていった。

ルター派の、古くて厳かな教会だった。

マルティン・ルター。アメリカ生活が長いもので、つい th をきかせてマーティン・ルーサーと言ってしまう。するとキングと Jr. がついてきて、I have a dream のあの声を思い浮かべてしまうので、ここはドイツ語を響かせた日本語訳でルターと書く。もっと響かせるとルーテルになる。

式の始まる前にパイプオルガンで弾かれていたのが「主よ、人の望みの喜びよ」。レオン・フライシャーの「Two Hands」、右手が使えなくなったピアニストが再び両手を使い始めたときに出したアルバムの第一曲目が、まさにこの曲だった。

友人は他の人たち、みな何十年目かの堅信礼を祝う人たちと並んで、前の方に座っていた。人々が賛美歌を歌った。いくつも歌った。

中のいくつかはルターが作った、ルターは賛美歌を作ることで教えを広めたんですよと帰りがけに友人が教えてくれた。似てますねえ、親鸞に、和讃を作った親鸞にとわたしは思わず言ったのだ。

わたしは旅をつづけた。

夫が死んだ。旅をつづけた。

友人の夫が癌になった。わたしはヨーロッパに行くたびにベルリンに寄った。そんなにちょくちょく行くわけじゃないが、行ったときには、目的地がロンドンでもコペンハーゲンでも、ベルリン行きの飛行機を手配してベルリンに寄った。

あるとき、冬のさなかに訪れたことがある。友人の夫はわたしのためにわざわざベッドから起きて、明るい色のセーターにダンディなマフラーをして、いつもそうだったように迎えてくれた。その翌月彼は死んだ。

旅をつづけた。

二〇一八年の春、わたしは日本に帰ってきた。三年の任期で早稲田大学で教えることになったのだった。それで東京と熊本を行き来する生活を始めた。

カリフォルニアで犬を二匹飼っていた。昔からいるパピヨンと、夫が死ぬ前に飼い始めた若いジャーマンシェパードだ。

いなくなった後の家は娘に任せるつもりだった。パピヨンは世話ができるが、ジャーマンシェパードの方は世話ができると思えない、日本に連れていってほしいと娘に言われた。それで検疫のための準備を始めた。ワクチンを打って採血して、狂犬病じゃないことが証明されたら百八十日間待機する。ぎりぎり間に合った。

パピヨンには、三年経ったら帰ってくるからと言い置いて出てきたのだ。三年間だよ、待ってるんだよ、と。そして旅をつづけた。

　早稲田の二年目が終わる頃、パピヨンを連れてくるための準備を始めた。ワクチンを打って採血して百八十日間待機する。今始めれば、三年目が終わる少し前に準備が整う、しばらくたいへんだがなんとかなる、夏休みにでもカリフォルニアに帰って連れてこようと考えた。

　そしてコロナ禍が来た。

　わたしは旅を止めた。

　自分の家の仕事場のコンピュータから学生たちに話しかけ始め、それを一年間つづけて、そして早稲田の任期が終わった。

　旅をつづけない日が来るとは思わなかった。それはなんと落ち着いた日々だったか。身体的には落ち着いて、これまでになく安楽なのに、不安がひたひたと社会から沁み出してくるのを感じ取っているのだった。一年の間に、学生たちは、何人も、何人も、休学し、入院し、休学し、入院した。

　検疫のための準備は整ったが、カリフォルニアに帰らないうちに期限が切れた。

コロナがおさまり（おさまるのか、いつか）、カリフォルニアに帰れるようになったら（今でも行き来はできるとは思うのだが、煩雑さを考えると動く気にならない）、もう一度初めから（近くの獣医に数百ドル払って、遠くの検疫所に手続きに行き）ワクチンを打って採血して百八十日間待つ（犬の一生は人間よりはるかに短い）。

この間、娘とZoomで話した。パピヨンが画面の端で、いつものソファにいつものようにすわっていた。犬たちがすわっていたソファだ。すっかり老いていた。人間ならば皺くちゃのお爺さん、顔も体も大きな耳も白髪だらけで、しょぼしょぼしていた。でも犬だから、まだ愛玩犬らしい愛らしさもある。

年取ったねと言うと、いつもいるから気がつかなかったと娘が言った。こっちに連れてくるのはもう無理かしらねとわたしが言った。絶望して悲愴な感じに聞こえたのだと思う。こう考えたらどうかなと娘が明るく言った。

この犬はいろんな犬や人が死んでいなくなるのを経験してきた。ダディが死んでいなくなった。犬たちも死んでいなくなった。遠くに行って会えなくなるのと、死んで会えなくなるのと、犬にとっては同じなんじゃないか。おかあさんが日本に帰った時点で、ダディや犬たちと同じだと思ったかもしれない。

そうかもねとわたしは言った。

ね、そういうことにしておこうよ。

それでわたしは三年前に、死んでいなくなって、会えなくなったのだった。


この本は、二〇一二年に、『たどたどしく声に出して読む歎異抄』というタイトルで、ぷねうま舎から出版しました。ぷねうま舎の中川和夫さんには何もかもお世話になりました。装幀は菊地信義さんでした。このたび河出文庫に入るにあたって、河出書房新社の東條律子さんにお世話になりました。装幀は菊地さんと水戸部功さんにお願いしました。みなさん、ありがとうございました。

参考文献一覧

『歎異抄』金子大栄校注、岩波文庫、一九三一年（一九八一年改版）
親鸞『歎異抄・教行信証』石田瑞麿訳、全二冊、中公クラシックス、二〇〇三年
『歎異抄』梅原猛全訳注、講談社学術文庫、二〇〇〇年
唯円著、親鸞述『歎異抄』川村湊訳、光文社古典新訳文庫、二〇〇九年
親鸞『教行信証』金子大栄校訂、岩波文庫、一九五七年
『親鸞和讃集』名畑應順校注、岩波文庫、一九七六年
『親鸞書簡集』細川行信・村上宗博・足立幸子著、法藏館、二〇〇二年
『親鸞』星野元豊・石田充之・家永三郎校注、日本思想大系一一、岩波書店、一九七一年
『親鸞全集』第四巻「和讃・消息 他」石田瑞麿訳、新装版、春秋社、二〇一〇年
『親鸞全集』別巻「歎異抄・恵信尼消息 他」石田瑞麿訳、新装版、春秋社、二〇一〇年
『浄土三部経』中村元・早島鏡正・紀野一義訳註、全二冊、岩波文庫、一九六三、六四年
『蓮如文集』笠原一男校注、岩波文庫、一九八五年
『漱石書簡集』三好行雄編、岩波文庫、一九九〇年
『マタイによる福音書』ケセン語訳新約聖書、山浦玄嗣訳、イー・ピックス、二〇〇二年
『マルコによる福音書』ケセン語訳新約聖書、山浦玄嗣訳、イー・ピックス、二〇〇三年

『新約聖書』新約聖書翻訳委員会訳、岩波書店、二〇〇四年
『お経　浄土真宗』早島鏡正・田中教照編著、講談社、一九八三年
『浄土真宗本願寺派のお経――お西』わが家の宗教を知るシリーズ、早島大英監修、双葉社、一九九九年
『真宗大谷派のお経――お東』わが家の宗教を知るシリーズ、坂東浩監修、双葉社、一九九九年
柳宗悦『南無阿弥陀仏』岩波文庫、一九八六年
清水眞澄『読経の世界――能読の誕生』吉川弘文館、二〇〇一年
中村元『龍樹』講談社学術文庫、二〇〇二年
山折哲雄『ブッダは、なぜ子を捨てたか』集英社新書、二〇〇六年
山折哲雄『親鸞をよむ』岩波新書、二〇〇七年
山折哲雄『『教行信証』を読む――親鸞の世界へ』岩波新書、二〇一〇年
阿満利麿『親鸞・普遍への道――中世の真実』ちくま学芸文庫、二〇〇七年
塚本善隆・梅原猛著『不安と欣求〈中国浄土〉』仏教の思想第八巻、角川書店、一九六八年
塚本善隆編、梶山雄一・上山春平著『空の論理〈中観〉』仏教の思想第三巻、角川書店、一九六九年

本書は二〇一二年四月にぷねうま舎から刊行された『たどたどしく声に出して読む歎異抄』の文庫化です。文庫化にあたって改題し、加筆修正しました。

伊《い》藤《とう》比《ひ》呂《ろ》美《み》の歎異抄《たんにしょう》

二〇二一年 七 月二〇日 初版発行
二〇二四年 七 月三〇日 2刷発行

著 者 伊《い》藤《とう》比《ひ》呂《ろ》美《み》
発行者 小野寺優
発行所 株式会社河出書房新社
〒一六二-八五四四
東京都新宿区東五軒町二-一三
電話〇三-三四〇四-八六一一（編集）
〇三-三四〇四-一二〇一（営業）
https://www.kawade.co.jp/

ロゴ・表紙デザイン 粟津潔
本文フォーマット 佐々木暁
本文組版 株式会社創都
印刷・製本 大日本印刷株式会社

Printed in Japan ISBN978-4-309-41828-5

現代語訳 歎異抄

親鸞　野間宏〔訳〕　40808-8

悩める者や罪深き者を救う念仏とは何か、他力本願の根本思想とは何か。浄土真宗の開祖である親鸞の著名な法話「歎異抄」と、手紙をまとめた「末燈鈔」を併録。野間宏の名訳で読む分かりやすい現代語の名著。

現代語訳 竹取物語

川端康成〔訳〕　41261-0

光る竹から生まれた美しきかぐや姫をめぐり、五人のやんごとない貴公子たちが恋の駆け引きを繰り広げる。日本最古の物語をノーベル賞作家による美しい現代語訳で。川端自身による解説も併録。

現代語訳 南総里見八犬伝　上

曲亭馬琴　白井喬二〔現代語訳〕　40709-8

わが国の伝奇小説中の「白眉」と称される江戸読本の代表作を、やはり伝奇小説家として名高い白井喬二が最も読みやすい名訳で忠実に再現した名著。長大な原文でしか入手できない名作を読める上下巻。

現代語訳 南総里見八犬伝　下

曲亭馬琴　白井喬二〔現代語訳〕　40710-4

全九集九十八巻、百六冊に及び、二十八年をかけて完成された日本文学史上稀に見る長篇にして、わが国最大の伝奇小説を、白井喬二が雄渾華麗な和漢混淆の原文を生かしつつ分かりやすくまとめた名抄訳。

絵本　徒然草　上

橋本治　40747-0

『桃尻語訳　枕草子』で古典の現代語訳の全く新しい地平を切り拓いた著者が、中世古典の定番『徒然草』に挑む。名づけて「退屈ノート」。訳文に加えて傑作な註を付し、鬼才田中靖夫の絵を添えた新古典絵巻。

絵本　徒然草　下

橋本治　40748-7

人生を語りつくしてさらに“その先”を見通す、兼好の現代性。さまざまな話柄のなかに人生の真実と知恵をたたきこんだ変人兼好の精髄を、分かり易い現代文訳と精密な註・解説で明らかにする。

ヘタな人生論より徒然草

荻野文子　40821-7

世間の様相や日々の暮らし、人間関係などを“融通無碍な身の軽さ”をもって痛快に描写する『徒然草』。その魅力をあますことなく解説して、複雑な社会を心おだやかに自分らしく生きるヒントにする人生論。

ヘタな人生論より万葉集

吉村誠　41133-0

宮仕えのつらさ、酒飲みへの共感、老年期の恋への戸惑い、伴侶を失った悲哀……。今と変わらぬ心の有り様が素直に詠みこまれた『万葉集』から、生きるヒントを読みとる。

ヘタな人生論より枕草子

荻野文子　41159-0

『枕草子』＝「インテリ女性のお気楽エッセイ」だが、陰謀渦巻く宮廷で、主を守り自分の節を曲げずに生きぬくことは簡単ではなかった。厳しい現実の中、清少納言が残した「美意識」に生き方の極意を学ぶ。

紫式部の恋　「源氏物語」誕生の謎を解く

近藤富枝　41072-2

「源氏物語」誕生の裏には、作者・紫式部の知られざる恋人の姿があった！　長年「源氏」を研究した著者が、推理小説のごとくスリリングに作品を読み解く。さらなる物語の深みへと読者を誘う。

私の方丈記

三木卓　41485-0

人生の原点がここにある！　混迷の時代に射す一条の光、現代語訳「方丈記」。満洲からの引揚者として激動の戦中戦後を生きた著者が、自身の体験を「方丈記」に重ね、人間の幸福と老いの境地を見据えた名著。

ときめき百人一首

小池昌代　41689-2

詩人である著者が百首すべてに現代詩訳を付けた、画期的な百人一首入門書。作者の想いや背景を解説で紹介しながら、心をで味わう百人一首を提案。苦手な和歌も、この本でぐっと身近になる！

あかねさす――新古今恋物語

加藤千恵　41249-8

恋する想いは、今も昔も変わらない――紫式部や在原業平のみやびな“恋うた”をもとに、千年の時を超えて、加藤千恵がつむぎだす、現代の二十二のせつない恋物語。書き下ろし＝編。ｍｉｗａさん推薦！

現古辞典

古橋信孝／鈴木泰／石井久雄　41607-6

あの言葉を古語で言ったらどうなるか？　現代語と古語のつながりを知るための「読む辞典」。日常のことばに、古語を取り入れれば、新たな表現が手に入る。もっと豊かな日本語の世界へ。

広辞苑先生、語源をさぐる

新村出　41599-4

あの『広辞苑』の編纂者で、日本の言語学の確立に大きく貢献した著者が、身近な事象の語源を尋ね、平たくのんびり語った愉しい語源談義。語源読み物の決定版です。

日本語と私

大野晋　41344-0

『広辞苑』基礎語千語の執筆、戦後の国字改革批判、そして孤軍奮闘した日本語タミル語同系論研究……「日本とは何か」その答えを求め、生涯を日本語の究明に賭けた稀代の国語学者の貴重な自伝的エッセイ。

教科書では教えてくれない　ゆかいな日本語

今野真二　41653-3

日本語は単なるコミュニケーションの道具ではない。日本人はずっと日本語で遊んできたと言ってもよい。遊び心に満ちた、その豊かな世界を平易に解説。笑って読めて、ためになる日本語教室、開講。

日本語のかたち

外山滋比古　41209-2

「思考の整理学」の著者による、ことばの姿形から考察する、数々の慧眼が光る出色の日本語論。スタイルの思想などから「形式」を復権する、日本人が失ったものを求めて。

異体字の世界　旧字・俗字・略字の漢字百科〈最新版〉

小池和夫　41244-3

常用漢字の変遷、人名用漢字の混乱、ケータイからスマホへ進化し続ける漢字の現在を、異形の文字から解き明かした増補改訂新版。あまりにも不思議な、驚きのアナザーワールドへようこそ！

言葉の誕生を科学する

小川洋子／岡ノ谷一夫　41255-9

人間が"言葉"を生み出した謎に、科学はどこまで迫れるのか？　鳥のさえずり、クジラの泣き声……言葉の原型をもとめて人類以前に遡り、人気作家と気鋭の科学者が、言語誕生の瞬間を探る！

ことばと創造　鶴見俊輔コレクション4

鶴見俊輔　黒川創〔編〕　41253-5

漫画、映画、漫才、落語……あらゆるジャンルをわけへだてなく見つめつづけてきた思想家・鶴見は日本における文化批評の先駆にして源泉だった。その藝術と思想をめぐる重要な文章をよりすぐった最終巻。

言葉の外へ

保坂和志　41189-7

私たちの身体に刻印される保坂和志の思考――「何も形がなかった小説のために、何をイメージしてそれをどう始めればいいのかを考えていた」時期に生まれた、散文たち。圧巻の「文庫版まえがき」収録。

アウトブリード

保坂和志　40693-0

小説とは何か？　生と死は何か？　世界とは何か？　論理ではなく、直観で切りひらく清新な思考の軌跡。真摯な問いかけによって、若い表現者の圧倒的な支持を集めた、読者に勇気を与えるエッセイ集。

小説の聖典《バイブル》　漫談で読む文学入門

いとうせいこう×奥泉光＋渡部直己　41186-6

読んでもおもしろい、書いてもおもしろい。不思議な小説の魅力を作家二人が漫談スタイルでボケてツッコむ！　笑って泣いて、読んで書いて。そこに小説がある限り……。

小説の読み方、書き方、訳し方

柴田元幸／高橋源一郎　41215-3

小説は、読むだけじゃもったいない。読んで、書いて、訳してみれば、百倍楽しめる！　文豪と人気翻訳者が〈読む＝書く＝訳す〉ための実践的メソッドを解説した、究極の小説入門。

おとなの小論文教室。

山田ズーニー　40946-7

「おとなの小論文教室。」は、自分の頭で考え、自分の想いを、自分の言葉で表現したいという人に、「考える」機会と勇気、小さな技術を提出する、全く新しい読み物。「ほぼ日」連載時から話題のコラム集。

本を読むということ

永江朗　41421-8

探さなくていい、バラバラにしていい、忘れていい、歯磨きしながら読んでもいい……本読みのプロが、本とうまく付き合い、手なずけるコツを大公開。すべての本好きとその予備軍に送る「本・入門」。

塩一トンの読書

須賀敦子　41319-8

「一トンの塩」をいっしょに舐めるうちにかけがえのない友人となった書物たち。本を読むことは息をすることと同じという須賀は、また当代無比の書評家だった。好きな本と作家をめぐる極上の読書日記。

時間のかかる読書

宮沢章夫　41336-5

脱線、飛躍、妄想、のろのろ、ぐずぐず——横光利一の名作短編「機械」を十一年かけて読んでみた。読書の楽しみはこんな端っこのところにある。本を愛する全ての人に捧げる伊藤整賞受賞作の名作。

新しいおとな

石井桃子　41611-3

よい本を、もっとたくさん。幼い日のゆたかな読書体験と「かつら文庫」の実践から生まれた、子ども、読書、絵本、本づくりをめぐる随筆集。文庫化にあたり再編集し、写真、新規原稿を三篇収録。

太宰治の手紙

太宰治　小山清〔編〕　41616-8

太宰治が、戦前に師、友人、縁者などに送った百通の手紙。井伏鱒二、亀井勝一郎、木山捷平らへの書簡を収録。赤裸々な、本音と優しさとダメさかげんが如実に伝わる、心温まる一級資料。

愛と苦悩の手紙

太宰治　亀井勝一郎〔編〕　41691-5

太宰治の戦中、戦後、自死に至るまでの手紙を収録。先輩、友人、後輩に。含羞と直情と親愛。既刊の小山清編の戦中篇と併せて味読ください。

漱石入門

石原千秋　41477-5

６つの重要テーマ（次男坊、長男、主婦、自我、神経衰弱、セクシュアリティー）から、漱石文学の豊潤な読みへと読者をいざなう。漱石をこれから読む人にも、かなり読み込んでいる人にも。

先生と僕　夏目漱石を囲む人々　作家篇

香日ゆら　41657-1

漱石を慕う人々で今日も夏目家はにぎやか。木曜会誕生から修善寺の大患、内田百閒・中勘助・芥川龍之介ら若き才能の登場、そして最期の日へ――。友人門下との交遊を通して描く珠玉の四コマ漱石伝完結篇。

むかしの汽車旅

出久根達郎〔編〕　41164-4

『むかしの山旅』に続く鉄道アンソロジー。夏目漱石、正岡子規、泉鏡花、永井荷風、芥川龍之介、宮澤賢治、林芙美子、太宰治、串田孫一……計三十人の鉄道名随筆。

文豪のきもの

近藤富枝　41724-0

文豪たちは、作品のなかでどのようにきものを描き、また自身は何を着ていたのか。樋口一葉、永井荷風、谷崎潤一郎、夏目漱石などのきもの愛を、当時の服飾文化や時代背景をもとに探る。

正法眼蔵の世界

石井恭二　41042-5

原文対訳「正法眼蔵」の訳業により古今東西をつなぐ普遍の哲理として道元を現代に甦らせた著者が、「眼蔵」全巻を丹念に読み解き、簡明・鮮明に道元の思想を伝える究極の道元入門書。

道元

和辻哲郎　41080-7

『正法眼蔵』で知られる、日本を代表する禅宗の泰斗道元。その実践と思想の意味を、西洋哲学と日本固有の倫理・思想を統合した和辻が正面から解きほぐす。大きな活字で読みやすく。

悩まない　禅の作法

枡野俊明　41655-7

頭の雑音が、ぴたりと止む。ブレない心をつくる三十八の禅の習慣。悩みに振り回されず、幸せに生きるための禅の智慧を紹介。誰でもできる坐禅の組み方、役立つケーススタディも収録。

怒らない　禅の作法

枡野俊明　41445-4

イライラする、許せない…。その怒りを手放せば、あなたは変わり始めます。ベストセラー連発の禅僧が、幸せに生きるためのシンプルな習慣を教えます。今すぐ使えるケーススタディ収録！

ヘタな人生論より空海のことば

池口恵観　41101-9

矛盾や不条理だらけの社会のなかで地に足をつけ、心穏やかに、そして強く生きるためにはどうすればいいのか……。そのヒントを、日本真言宗の開祖であり、実践を重んじてきた空海のことばより紐解きます。

ヘタな人生論より一休のことば

松本市壽　41121-7

生きにくい現代をどのように生きるのか。「とんちの一休さん」でおなじみ、一休禅師の生き方や考え方から、そのヒントが見えてくる！　確かな勇気と知恵、力強い励ましがもらえる本。